Dr. Jaerock Lee

Vigiem e Orem

*Depois, [Jesus] voltou aos seus discípulos
e os encontrou dormindo.
"Vocês não puderam vigiar comigo nem por uma
hora?", perguntou ele a Pedro.
"Vigiem e orem, para que não caiam em tentação.
O espírito está pronto, mas a carne é fraca".*

(Mateus 26:40-41)

Vigiem e Orem, escrito por Dr. Jaerock Lee
Publicado pela Livros Urim (Representante: Kyungtae Noh)
73, Yeouidaebang-ro 22-gil, Dongjak-gu, Seul, Coréia
www.urimbooks.com

Todos os direitos reservados. Este livro ou partes dele não podem ser reproduzidos, armazenados ou introduzidos em um sistema de recuperação, nem transmitidos de nenhuma forma ou por nenhum meio (eletrônico, mecânico, fotocópia, gravação ou outro), para nenhuma finalidade, sem a prévia permissão expressa e por escrito da editora.

A menos que se tenha feito observação específica, todas as citações das Escrituras foram retiradas da Bíblia Sagrada, Nova Versão Internacional (NVI) ®, Copyright ©. Usado sob permissão.

Copyright © 2016 por Dr. Jaerock Lee
ISBN: 979-11-263-0103-4   03230
Translation Copyright © 2010 por Dr. Esther K. Chung. Usado sob permissão.

Anteriormente publicado em coreano pela Livros Urim em 1992

Primeira Publicação em abril de 2016

Editado por Dr. Geumsun Vin
Design de Editorial da Livros Urim
Impresso pela Prione em Seul, Coreia
Para mais informações, entre contato: urimbook@hotmail.com

Uma Mensagem Sobre Essa Publicação

Ao nos ordenar para orarmos continuamente, Deus também nos explica de várias formas por que devemos fazê-lo, falando para orarmos, para que não caiamos em tentação. Assim como respirar regularmente não é uma tarefa difícil para uma pessoa em um bom e robusto estado de saúde, o indivíduo espiritualmente saudável acha natural, e não penoso, viver pela Palavra de Deus e ter o costume de orar continuamente. Isso é porque, quanto mais a pessoa ora, mais desfruta de boa saúde e sua alma e tudo mais lhe vai bem. A importância da oração, portanto, jamais poderia ser expressa justamente.

A pessoa que já não tem mais vida, não tem respiração passando por suas narinas. Da mesma forma, o indivíduo, cujo espírito morreu, é incapaz de respirar espiritualmente. Em outras palavras, o espírito do homem morreu por causa do pecado de Adão, mas aqueles, cujos espíritos foram restaurados pelo Espírito Santo, jamais devem deixar de orar, pois seus espíritos estão vivos.

Recém-convertidos que acabaram de aceitar Jesus Cristo são como recém-nascidos. Não sabem como orar e tendem a achar a atividade cansativa. No entanto, quando não desistem, confiando na Palavra de Deus e orando diligentemente, seus espíritos crescem e eles são fortalecidos à medida que oram com vigor. Essas pessoas então percebem que não conseguem viver sem orar, da mesma forma que ninguém consegue viver sem respirar.

A oração não é apenas a nossa respiração espiritual, mas também um canal de diálogo entre Deus e Seus filhos, que deve sempre estar aberto. O fato de o diálogo entre muitos pais e filhos ter acabado nas famílias modernas é muito triste. A confiança mútua tem sido destruída e seus relacionamentos são meras formalidades. Entretanto, não há nada que não possamos contar ao nosso Deus.

Nosso Deus Todo Poderoso é um Pai que se importa conosco, e é quem mais nos conhece e entende, prestando grande atenção em nós todo o tempo, e desejando que falemos com Ele toda hora. Logo, para todos os crentes, a oração é a chave para bater e abrir a porta do coração do Deus Soberano, e uma arma que transcende tempo e espaço. Nós já não vimos, ouvimos falar, ou tivemos cristãos perto da gente, cujas vidas foram transformadas por causa de orações de poder? Não vimos já a direção da história mundial mudar por causa de poderosas orações?

Ao humildemente pedirmos pela ajuda do Espírito Santo, quando oramos, Deus nos enche do Espírito, permite que entendamos mais lucidamente a Sua vontade e vivamos por ela, e nos capacita a vencer o inimigo e sermos vitoriosos nesse mundo. Todavia, quando a pessoa não recebe a direção do Espírito Santo, por não orar, ela passa a confiar cada vez mais em suas próprias teorias e pensamentos, viver em inverdades – o que é contra a vontade de Deus – e fica mais difícil ela receber a salvação. É por isso que a Bíblia nos diz em Colossenses 4:2: *"Dediquem-se à oração, estejam em alerta e sejam agradecidos"* e em Mateus 26:41: *"Vigiem e orem, para que não caiam em tentação. O espírito está pronto, mas a carne é fraca"*.

A razão pela qual o único Filho de Deus ter podido executar todo o Seu trabalho de acordo com a vontade de Deus foi devida ao poder da oração. Antes de Ele começar o Seu ministério público, o nosso Senhor Jesus jejuou quarenta dias e estabeleceu um exemplo de vida de oração, orando sempre que podia, mesmo durante os três anos do Seu ministério.

Encontramos muitos cristãos que reconhecem a importância da oração, mas muitos deles não recebem as respostas de Deus, porque não sabem como orar, segundo a Sua vontade. Meu coração se entristece toda vez que vejo e ouço falar de casos assim, mas estou muito feliz de poder publicar um livro sobre oração, baseado nos meus mais de 20 anos de ministério e experiências.

Espero que esse pequeno livro seja de grande valia a cada leitor em seu encontro e experiências com Deus e o ajude a ter uma vida de poderosas orações. Que cada leitor possa ser vigilante e orar continuamente, para que desfrute boa saúde e que sua alma e todas as coisas lhe possam ir bem. Em nome do nosso Senhor, eu oro!

Jaerock Lee

Conteúdo

Uma Mensagem Sobre Essa Publicação

Capítulo 1
Peça, Busque e Bata   1

Capítulo 2
Creia que Já O Recebeu   19

Capítulo 3
A Oração que Agrada a Deus   33

Capítulo 4
Que Você não Caia em Tentação 55

Capítulo 5
A Oração do Justo 71

Capítulo 6
O Grande Poder da Oração em Comum Acordo 83

Capítulo 7
Ore Sempre, Jamais Desanime 99

Capítulo 1

— ∞∞ —

Peça, Busque e Bata

Mateus 7:7-11

"Peçam, e lhes será dado;
busquem, e encontrarão;
batam, e a porta lhes será aberta.
Pois todo o que pede, recebe;
o que busca, encontra;
e àquele que bate, a porta será aberta.
Qual de vocês, se seu filho pedir pão,
lhe dará uma pedra?
Ou se pedir peixe,
lhe dará uma cobra?
Se vocês, apesar de serem maus, sabem dar boas coisas
aos seus filhos, quanto mais o Pai de vocês,
que está nos céus, dará coisas boas aos que lhe pedirem!"

1. Deus Dá Boas Coisas Àqueles que Pedem

Deus não quer que Seus filhos sofram com pobreza ou doenças, mas deseja que todas as áreas de suas vidas vão bem. No entanto, se simplesmente ficarmos sentados, sem fazermos nenhum esforço, não colheremos nada. Embora Deus possa nos dar qualquer coisa no universo, já que tudo pertence a Ele, Ele quer que Seus filhos peçam, busquem e alcancem por conta própria, assim como diz um velho ditado: "O bebê que chora é alimentado".

Se a pessoa deseja receber, enquanto fica parada sem fazer nada, ela é igual a flores plantadas em um jardim. Como um pai ou mãe ficariam desapontados se seus filhos se comportassem como plantas imóveis e passassem o dia inteiro na cama, sem fazer o mínimo esforço para viver suas vidas! Tal comportamento é como o de um preguiçoso, que desperdiça todo o seu tempo esperando que uma fruta caia de uma árvore para dentro de sua boca.

Deus quer que sejamos filhos sábios e assíduos, que pedem, buscam e batem com zelo, desfrutando assim de todas as Suas bênçãos e dando glórias a Ele. É exatamente por isso que Ele ordena que peçamos, busquemos e batamos. Nenhum pai dá pedra ao filho, se este lhe pede pão. Nenhum pai dá uma cobra ao filho que lhe pede peixe. Por pior que seja um pai ou uma mãe, eles desejam dar coisas boas aos seus filhos. Você não acha que o nosso Deus – que nos amou a ponto de entregar o Seu único Filho para morrer em nosso lugar – dará aos Seus filhos boas coisas, quando pedirem?

Em João 15:16 Jesus nos diz: *"Vocês não me escolheram, mas eu os escolhi para irem e darem fruto, fruto que permaneça, a fim de que o Pai lhes conceda o que pedirem em meu nome"*. Essa é a solene promessa do Deus Soberano de amor: que quando pedirmos, buscarmos e batermos com zelo, Ele abrirá as comportas do céu, nos abençoará e até mesmo concederá os desejos do nosso coração.

Que possamos aprender como pedir, buscar e bater, e receber tudo que pedirmos a Deus com a passagem na qual este Capítulo está baseado, para que Ele seja glorificado grandemente e a nossa alegria também seja grande.

2. Peçam, e lhes será dado

Deus diz a todos: "Peçam, e lhes será dado", e deseja que todos sejam pessoas abençoadas, que recebem tudo o que pedem. Para que, então, Ele está nos dizendo para pedirmos?

1) Peça Pelo Poder de Deus e Para Ver a Sua Face

Deus, depois de criar os céus e a terra e tudo o que neles há, criou o homem. Ele abençoou o homem e lhe disse para ser fértil e se multiplicar, encher a terra e subjugá-la, governando sobre os peixes do mar, os pássaros no céu e todo ser vivo que se move na terra.

Depois que o primeiro homem, Adão, desobedeceu à Palavra de Deus, no entanto, ele perdeu tais bênçãos e escondeu-se de Deus, ao ouvir Sua voz (Gênesis 3:8). Além disso, a humanidade que se tornou pecadora se afastou de Deus, indo para o caminho da destruição como escrava do inimigo, o diabo.

Para salvar esses pecadores, o Deus de amor enviou o Seu Único Filho Jesus Cristo à terra e abriu a porta para a sua salvação. Qualquer um que aceita Jesus Cristo como seu Salvador pessoal e crê em Seu nome, Deus lhe perdoa todos os seus pecados e lhe dá Espírito Santo.

A fé em Jesus Cristo nos leva à salvação e permite que recebamos a força de Deus. Só quando Ele nos dá a Sua força e poder é que podemos ter vidas religiosas bem sucedidas. Em outras palavras, somente pela graça e força do alto é que conseguimos vencer o mundo e viver segundo a Palavra de Deus. E precisamos desse poder para derrotar o diabo.

O Salmo 105:4 nos diz: *"Recorram ao SENHOR e ao seu poder; busquem sempre a sua presença"*. O nosso Deus é *"EU SOU O QUE SOU"* (Êxodo 3:14), Criador dos céus e da terra (Gênesis 2:4), e Governador de toda a história e tudo no universo, desde o princípio até eternamente. Deus é a Palavra e pela Palavra Ele criou todas as coisas no universo. Logo, Sua Palavra é poder. Como as palavras do homem sempre mudam, elas não têm poder nenhum nem fazem as coisas acontecer. Diferente das palavras do homem, que são de inverdade e inconstância, a Palavra de Deus é viva e cheia de poder, para fazer com que a obra da criação aconteça.

Assim sendo, independente da impotência da pessoa, se ela ouve a Palavra de Deus, que é viva, e crê nela sem duvidar, ela, também, pode fazer com que a obra da criação aconteça, fazendo com que algo seja criado do nada. A criação de algo a partir do nada é impossível de acontecer, se não se tem fé na Palavra de Deus. É por isso que Jesus proclamou a todos aqueles que foram diante Dele: "Como você creu, assim lhe acontecerá". Em resumo, pedir pelo poder de Deus é o mesmo que pedir-Lhe para nos dar fé.

Então, o que significa "buscar a face Dele continuamente"? Assim como não se pode considerar que "conhecemos" alguém sem conhecer o seu rosto, "buscar a face de Deus" se refere ao esforço que devemos fazer para descobrir "quem Deus é". Significa que aqueles que antes evitavam ver a face de Deus e ouvir a Sua voz, agora abrem os seus corações, buscam e entendem Deus, e tentam ouvir a Sua voz. O pecador é incapaz de levantar a cabeça e tenta sempre virar as costas para as pessoas. Depois que ele recebe o perdão, entretanto, ele pode levantar sua cabeça e ver os outros.

Semelhantemente, todos os homens são pecadores por desobedecerem à Palavra de Deus; mas quando são perdoados ao aceitarem Jesus Cristo e se tornam filhos de Deus, recebendo o Espírito Santo, eles conseguem ver Deus, que é a Luz em Si, sendo considerados justos pelo justo Deus.

A principal razão pela qual Deus diz a todas as pessoas para "pedirem para ver a face de Deus" é porque Ele quer que cada uma delas – pecadoras – seja reconciliada com Ele e receba o Espírito Santo, ao pedir para ver a face de Deus. Ele quer que cada um se torne Seu filho, com quem pode encontrar face a face. Quando alguém se torna filho do Deus Criador, a pessoa recebe o céu, a vida eterna e a felicidade – as maiores bênçãos que alguém pode receber.

2) Peça Pelo Reino de Deus e Sua Justiça

A pessoa que recebeu o Espírito Santo e se tornou filha de Deus consegue viver uma nova vida, pois nasceu de novo do Espírito. Deus, que considera uma alma mais preciosa do que os céus e a terra, diz para nós, Seus filhos, pedirmos pelo Seu reino e justiça, acima de todas as coisas (Mateus 6:33).

Jesus nos diz em Mateus 6:25-33:

"Portanto eu lhes digo: Não se preocupem com sua

própria vida, quanto ao que comer ou beber; nem com seu próprio corpo, quanto ao que vestir. Não é a vida mais importante que a comida, e o corpo mais importante que a roupa? Observem as aves do céu: não semeiam nem colhem nem armazenam em celeiros; contudo, o Pai celestial as alimenta. Não têm vocês muito mais valor do que elas? Quem de vocês, por mais que se preocupe, pode acrescentar uma hora que seja à sua vida? Por que vocês se preocupam com roupas? Vejam como crescem os lírios do campo. Eles não trabalham nem tecem. Contudo, eu lhes digo que nem Salomão, em todo o seu esplendor, vestiu-se como um deles. Se Deus veste assim a erva do campo, que hoje existe e amanhã é lançada ao fogo, não vestirá muito mais a vocês, homens de pequena fé? Portanto, não se preocupem, dizendo: 'Que vamos comer?' ou 'Que vamos beber?' ou 'Que vamos vestir?' Pois os pagãos é que correm atrás dessas coisas; mas o Pai celestial sabe que vocês precisam delas. Busquem, pois, em primeiro lugar o Reino de Deus e a sua justiça, e todas essas coisas lhes serão acrescentadas".

O que é então "buscar o reino de Deus" e "buscar a Sua justiça"? Em outras palavras, pelo que devemos pedir em relação ao reino e a justiça de Deus?

Deus enviou o Seu único Filho e permitiu que Jesus morresse na cruz pela humanidade, que vinha sendo escrava do inimigo e estava destinada à destruição. Através de Jesus Cristo, Deus também nos restituiu a autoridade que havíamos perdido e permitiu que andássemos no caminho para a salvação. Quanto mais espalhamos as boas novas sobre Jesus Cristo, que morreu por nós e ressuscitou, mais o reino de Satanás é destruído; quanto mais o seu reino é destruído, mais almas que dantes estavam perdidas recebem a salvação; e quanto mais almas recebem a salvação, mais o reino de Deus se expande. Assim, "Buscar o Reino de Deus" se refere a orar pela obra da salvação de almas ou missão mundial, para que todas as pessoas possam se tornar filhas de Deus.

Antes vivíamos nas trevas, em meio a pecado e maldade; mas através de Jesus Cristo passamos a poder estar diante de Deus, que é a própria Luz. Uma vez que Deus habita em bondade, justiça e na luz, com pecados e maldade não poderíamos ir para diante Deus nem nos tornamos Seus filhos.

Logo, "buscar a justiça de Deus" se refere a orar para que o espírito morto de alguém seja revivificado, sua alma prospere e ele se torne justo, vivendo de acordo com a Palavra de Deus. Precisamos pedir a Deus, para que Ele nos capacite a ouvir e ter o entendimento de Sua Palavra; saiamos do pecado e escuridão, habitemos na luz e sejamos santos como Ele é santo.

Buscar a justiça de Deus é se despojar das obras da carne,

segundo os desejos do Espírito Santo e ser santificado vivendo pela verdade. Ao pedirmos a Deus pela Sua justiça, desfrutamos de boa saúde, todas as coisas nos vão bem, assim como a nossa alma. (3 João 1:2). É por isso que Deus nos ordena a primeiro buscar o Seu reino e justiça, e nos promete que tudo o mais que pedirmos nos será dado.

3) Peça Para Que Você Seja Um Obreiro de Deus e Cumpridor dos Deveres Dados por Ele a Você.

Você pediu para realizar o reino e a justiça de Deus, você deve então pedir para se tornar Seu obreiro. Se você já é Seu obreiro, você deve orar intensamente para conseguir cumprir os deveres que Ele lhe deu. Deus recompensa aqueles que O buscam (Hebreus 11:6) e retribui a todo homem segundo suas obras (Apocalipse 22:12).

Em Apocalipse 2:10, Jesus nos diz: *"Seja fiel até a morte, e eu lhe darei a coroa da vida"*. Até mesmo nessa vida, quando uma pessoa estuda diligentemente, ela pode receber bolsas e entrar em uma boa faculdade. Quando uma pessoa se dedica ao máximo em seu trabalho, ela é promovida e passa a receber um tratamento e um salário melhores.

Da mesma maneira, quando os filhos de Deus são fiéis aos deveres que Ele lhes dá, eles recebem deveres ainda maiores e recompensas também ainda maiores. As recompensas deste mundo não se comparam às do reino do céu nem em tamanho nem em glória. Logo, devemos ser ávidos na fé e orar para sermos obreiros preciosos de Deus, na posição que cada um de nós ocupa.

Se alguém ainda não tem um dever designado por Deus, essa pessoa deve orar para se tornar uma obreira em Seu reino. Se ela já tem um dever, ela deve orar para cumpri-lo bem e receber um maior. O leigo deve orar para se tornar um diácono, enquanto o diácono deve orar para se tornar um ancião. O líder de célula deve orar para se tornar um líder subdistrital, o líder subdistrital deve orar para se tornar um líder distrital, e o líder distrital para ser alguém da próxima posição.

Isso não quer dizer que as pessoas devem pedir pelo título de ancião ou diácono, mas que elas devem desejar ser fiéis em seus deveres, esforçando-se ao máximo para cumpri-los da melhor forma, e servindo e sendo usadas cada vez mais por Deus.

A coisa mais importante para a pessoa que tem deveres designados por Deus é a fidelidade, através da qual ela consegue cumprir deveres até maiores do que os que ela tem no presente. Para tal, ela precisa orar para que Deus o cumprimente: "Muito bem, servo bom e fiel!"

1 Coríntios 4:2 nos diz: *"O que se requer destes encarregados é que sejam fiéis"*. Portanto, cada um de nós deve orar a Deus, para que sejamos obreiros fiéis em nossas igrejas, o corpo de Cristo, em nossas diferentes posições.

4) Peça Pelo Pão Diário

Para redimir o homem de sua pobreza, Jesus nasceu pobre. A fim de curar todas as doenças e enfermidades, Ele foi flagelado e derramou o Seu sangue. Dessa forma, naturalmente, só resta aos filhos de Deus desfrutar de vidas abundantes e saudáveis, tendo todas as áreas de suas vidas indo bem.

Quando primeiro pedimos a Deus pela realização de Seu reino e justiça, Ele nos diz que todas essas coisas nos serão dadas (Mateus 6:33). Em outras palavras, depois de pedir pelo reino e justiça de Deus, devemos orar pelas coisas de que necessitamos para viver nesse mundo, como: comida, vestimenta, abrigo, trabalho, bênçãos nos nossos empregos, o bem-estar de nossas famílias e coisas do tipo. Deus então nos proverá, cumprindo o que prometeu. Mantenha em mente que, se pedirmos coisas baseadas em nossos desejos concupiscentes e que não são para a glória de Deus, Ele não responderá à nossa oração. Oração que surge de desejos pecaminosos não tem nada a ver com Deus.

3. Busquem e Encontrarão

Se você está "buscando" algo, quer dizer que você o perdeu. Deus quer que as pessoas possuam "algo" que elas perderam. Diante da ordem Dele para buscarmos, primeiro precisamos determinar o que é que perdemos, para que então possamos procurar o "algo" que perdemos. Também devemos descobrir como achá-lo.

Então o que perdemos e como "buscamos" essa coisa?

A primeira pessoa que Deus criou foi um ser vivo composto de espírito, alma e corpo. Como ser vivo que podia se comunicar com Deus, que é Espírito, o primeiro homem desfrutava de todas as bênçãos que Ele lhe havia dado e vivia pela Sua Palavra.

Todavia, depois de ser tentado por Satanás, aquele primeiro homem desobedeceu à ordem de Deus. Em Gênesis 2:16-17 encontramos: *"E o SENHOR Deus ordenou ao homem: "Coma livremente de qualquer árvore do jardim, mas não coma da árvore do conhecimento do bem e do mal, porque no dia em que dela comer, certamente você morrerá".*

Embora o dever do homem se resuma em temer a Deus e guardar os Seus mandamentos (Eclesiastes 12:13), o primeiro homem criado não obedeceu à ordem de Deus e acabou comendo da árvore do conhecimento do bem e do mal. Como Deus lhe advertira, o espírito que havia nele morreu e ele veio a ser um homem de alma, que não mais conseguia se comunicar com Ele. Além disso, os espíritos de todos os seus descendentes também morreram e estes se tornaram homens carnais, que não conseguiam mais cumprir seu dever. Adão foi expulso do Jardim do Éden para a terra maldita. Ele e todos os que vieram depois dele tiveram e têm agora de viver em meio à dor, sofrimento, doença, e só do suor dos seus rostos é que podem comer. Não conseguiram nem conseguem mais viver da maneira digna dentro do propósito da criação de Deus, mas ao perseguirem coisas insignificantes, segundo seus próprios pensamentos, têm-se corrompido.

Para que um indivíduo, cujo espírito morreu e que é apenas alma e carne viva de novo, de maneira digna dentro do propósito da criação de Deus, ele precisa recuperar o seu espírito perdido. Só quando o espírito morto do homem é revivificado é que ele pode se tornar um homem espiritual e comunicar com Deus, que é Espírito. Então ele consegue viver como um homem de verdade. É por isso que Deus nos ordena a buscar o nosso espírito perdido.

Deus abriu um caminho, para que o espírito de todos seja revivificado, e esse caminho é Jesus Cristo. Quando cremos em Jesus Cristo, como Deus nos prometeu, nós recebemos o Espírito Santo e Ele vem habitar em nós e trazer de volta à vida o nosso espírito. Quando buscamos a face de Deus e recebemos Jesus Cristo, depois de ouvi-Lo bater na porta do nosso coração, o Espírito Santo vem e concebe o espírito (João 3:6). À medida que vivemos em obediência ao Espírito Santo, nos livramos das obras da carne, ouvimos zelosamente, aplicamos e nos alimentamos da Palavra de Deus, com a Sua ajuda conseguimos viver segundo Ela. Assim é o processo em que o espírito morto é revivificado e a pessoa se torna uma pessoal espiritual, recuperando a imagem perdida de Deus.

Quando queremos consumir a altamente nutritiva gema de um ovo, primeiro devemos quebrar a casaca e tirar a clara. Da mesma maneira, para que o indivíduo se torne um homem de espírito, ele deve se livrar das obras da carne e ter seu espírito revivificado pelo Espírito Santo. Isso é o "buscar" de que Deus está falando.

Suponha que todos os sistemas elétricos do mundo entrassem em pane. Nenhum expert trabalhando sozinho conseguiu restaurar os sistemas. Levaria um bom tempo, para que ele despachasse eletricistas e produzisse partes necessárias, para que a eletricidade voltasse em todas as partes do mundo.

Semelhantemente, para que o espírito de alguém seja revivificado e a pessoa se torne alguém completamente espiritual, ela precisa ouvir e conhecer a Palavra de Deus. Contudo, como apenas conhecer a Palavra não é o suficiente para fazer dela alguém espiritual, ela deve diligentemente absorvê-la, alimentar-se dela e orar em cima dela, para que ela possa viver segundo a Palavra de Deus.

4. Bata, e a Porta Lhe Será Aberta

"A porta", da qual Deus falou, é a porta da promessa que será aberta quando batermos nela. Em que tipo de porta Deus falou para batermos? É a porta do coração de Deus.

Antes de batermos à porta do coração do nosso Deus, Ele bateu às portas dos nossos corações primeiro (Apocalipse 3:20). Como resultado, nós abrimos as portas dos nossos corações e aceitamos Jesus Cristo. Agora, é a nossa vez de batermos à porta do Seu coração. Como o coração do nosso Deus é mais largo que os céus e mais profundo que o oceano, quando batemos à porta do Seu imensurável coração, podemos receber qualquer coisa.

Quando oramos e batemos à porta do coração de Deus, Ele abre os portões do céu e derrama tesouros sobre nós. Quando Deus, que abre e ninguém fecha, e fecha e ninguém abre, abre os portões do céu e faz o voto de nos abençoar, ninguém pode se levantar e ficar em Seu caminho – há inundação de bênçãos (Apocalipse 3:7).

Nós podemos receber as respostas de Deus, quando batemos à porta do Seu coração. No entanto, dependendo do tanto que a pessoa bate, ela pode receber uma bênção grande ou pequena. Se ela quer receber uma grande bênção, os portões do céu devem ser amplamente abertos, logo, ela precisa bater à porta do coração de Deus mais diligentemente ainda e agradar-Lhe.

Como Deus se alegra e tem prazer quando nos despojamos da maldade e vivemos segundo os Seus mandamentos na verdade! Se vivermos pela Palavra de Deus, poderemos receber tudo aquilo que pedirmos. Em outras palavras: "bater à porta do coração de Deus" se refere a viver segundo os Seus mandamentos.

Quando zelosamente batemos à porta do Seu coração, Deus nunca nos repreende e diz: "Por que você está batendo tão alto?" É exatamente o oposto que acontece. Deus se alegrada muito e deseja nos dar aquilo que Lhe pedimos. Portanto, espero que você bata à porta do coração de Deus com suas obras, receba tudo aquilo que pedir e glorifique a Ele.

Você alguma vez já acertou um pássaro com um tiro de estilingue? Lembro-me de ter ouvido uma vez um dos amigos do meu pai, elogiando-me por minhas habilidades com o estilingue. Estilingue é um artefato feito a mão, que se usa encaixando uma pedra em uma borracha presa por duas pontas de madeira que formam um Y, e atirando-a.

Se compararmos Mateus 7:7-11 ao estilingue, "pedir" se refere a achar o próprio estilingue e a pedra que será usada para atirar no pássaro. Então você precisa se equipar com a habilidade de dar um bom tiro na ave. De que adiantaria um estilingue e uma pedra, se você não soubesse atirar? Talvez você pudesse querer primeiro fazer um alvo, se familiarizar com o estilingue, praticar o tiro, determinar e entender qual seriam as melhores maneiras para atingir um pássaro. Esse processo é o que equivale a "buscar". Ao ler, absorver e alimentar-se da Palavra de Deus, como filho de Deus você agora está equipado com as qualificações para receber Suas respostas.

Se você se equipou com a habilidade de operar o estilingue e dar bons tiros com ele, você deve agora atirar, o que se compara a "bater". Por mais que o estilingue e a pedra estejam preparados e você tenha as habilidades necessárias para utilizá-los bem, se você não atirar, jamais conseguirá capturar pássaro. Em outras palavras, só quando vivemos pela Palavra de Deus, da qual fizemos alimento em nosso coração, é que recebemos o que pedimos a Ele.

Pedir, buscar e bater não são processos separados, mas interligados um ao outro. Agora você sabe o que pedir, o que buscar e a que bater. Que você possa glorificar a Deus grandemente, à medida que, como Seu filho abençoado, recebe respostas aos desejos do seu coração ao pedir, buscar e bater diligente e zelosamente. Em nome do nosso Senhor, eu oro!

Capítulo 2

Creia que Já O Recebeu

Marcos 11:23-24

*Eu lhes asseguro que se alguém
disser a este monte: 'Levante-se
e atire-se no mar',
e não duvidar em seu coração,
mas crer que acontecerá o que diz,
assim lhe será feito. Portanto, eu lhes digo:
Tudo o que vocês pedirem em oração, creiam
que já o receberam, e assim lhes sucederá.*

1. O Grande Poder da Fé

Um dia, os discípulos de Jesus, acompanhando-O, ouviram Seu Mestre dizer a uma figueira estéril: *"Nunca mais dê frutos!"* (Mateus 21:19) Ao verem que aquela árvore tinha secado até as raízes, eles, maravilhados, fizeram perguntas a Jesus. Em resposta, Jesus lhes disse: *"Eu lhes asseguro que, se vocês tiverem fé e não duvidarem, poderão fazer não somente o que foi feito à figueira, mas também dizer a este monte: 'Levante-se e atire-se no mar', e assim será feito"* (Mateus 21:21).

Jesus também nos prometeu: *"Digo-lhes a verdade: Aquele que crê em mim fará também as obras que tenho realizado. Fará coisas ainda maiores do que estas, porque eu estou indo para o Pai. E eu farei o que vocês pedirem em meu nome, para que o Pai seja glorificado no Filho. O que vocês pedirem em meu nome, eu farei"* (João 14:12-14) e, *"Se vocês permanecerem em mim, e as minhas palavras permanecerem em vocês, pedirão o que quiserem, e lhes será concedido. Meu Pai é glorificado pelo fato de vocês darem muito fruto; e assim serão meus discípulos"* (João 15:7-8).

Em suma, como Deus, o Criador, é o Pai daqueles que aceitam Jesus Cristo, eles podem ter os desejos dos seus corações satisfeitos, quando creem e obedecem à Palavra de Deus. Em Mateus 17:20 Jesus nos diz: *"Ele respondeu: Porque a fé que vocês têm é pequena. Eu lhes asseguro que se vocês tiverem fé do tamanho de um grão de mostarda, poderão dizer a este monte: 'Vá daqui para lá', e ele irá. Nada lhes será impossível"*. Então, por que tantas pessoas deixam de receber as respostas de Deus e glorificá-Lo, mesmo com inúmeras horas de oração? Examinemos como podemos glorificar a Deus, à medida que recebemos tudo que pedimos em oração.

2. Creia no Deus Soberano

Para que o homem sustente sua vida desde o momento em que nasce, é preciso que tenha itens como alimento, vestimenta, abrigo e coisas do tipo. Contudo, o elemento mais importante para a sustentação da vida é a respiração; ela torna a existência da vida possível e faz da vida algo que vale a pena. Dentre as várias coisas que os filhos de Deus, que aceitaram Jesus Cristo e nasceram de novo, precisam na vida, a mais fundamental de todas é a oração.

A oração é o canal de diálogo com Deus, que é Espírito, assim como a respiração para o nosso corpo. Além do mais, como a oração é também um meio de pedir e receber as respostas de Deus, o aspecto mais significativo na oração é o coração com o qual cremos no Deus Soberano. A certeza que uma pessoa tem das respostas que receberá de Deus depende do grau de sua crença Nele, enquanto ela ora; e ela será respondida de acordo com a sua fé.

Agora, quem é esse Deus em quem podemos depositar a nossa fé?

Ao Se descrever em Apocalipse 1:8, Deus disse: *"Eu sou o Alfa e o Ômega, o que é, o que era e o que há de vir, o Todo-poderoso"*. O Deus do Velho Testamento é o Criador de todas as coisas do universo (Gênesis 1:1-31) e que dividiu o Mar Vermelho, permitindo que os israelitas que haviam deixado o Egito o atravessassem (Êxodo 14:21-29). Quando os israelitas obedeceram à ordem de Deus e marcharam ao redor de Jericó por sete dias e depois deram um alto brado, os muros das cidades, que eram aparentemente indestrutíveis, caíram (Josué 6:1-21). Quando Josué orou a Deus no meio da batalha contra os amorreus, Deus fez o sol e a lua pararem (Josué 10:12-14).

No Novo Testamento, Jesus, o Filho do Deus Todo-poderoso, ressuscitou o morto da sepultura (João 11:17-44), curou todo tipo de doença e enfermidade (Mateus 4:23-24), abriu os olhos do cego (João 9:6-11), e fez o aleijado levantar e andar (Atos 3:1-10). Ele também expulsou de uma só vez a legião do inimigo e espíritos malignos pela Sua Palavra (Marcos 5:1-20) e com cinco bisnagas de pão e dois peixes Ele alimentou 5.000 homens, de forma a deixá-los satisfeitos (Marcos 6:34-44). Acalmando o vento e as ondas do mar, Ele nos mostrou diretamente que Ele é o Governador de todas as coisas do universo (Marcos 4:35-39).

Portanto, devemos acreditar no Deus Todo-poderoso, que nos dá boas coisas em Seu abundante amor. Jesus nos disse em Mateus 7:9-11: *"Qual de vocês, se seu filho pedir pão, lhe dará uma pedra? Ou se pedir peixe, lhe dará uma cobra? Se vocês, apesar de serem maus, sabem dar boas coisas aos seus filhos, quanto mais o Pai de vocês, que está nos céus, dará coisas boas aos que lhe pedirem!"* O Deus de amor quer dar a nós, Seus filhos, as melhores coisas.

Em seu transbordante amor, Deus nos deu Seu único Filho. Como Ele poderia deixar de dar mais alguma outra coisa? Isaías 52: 5-6 nos diz: *"Mas ele foi transpassado por causa das nossas transgressões, foi esmagado por causa de nossas iniquidades; o castigo que nos trouxe paz estava sobre ele, e pelas suas feridas fomos curados. Todos nós, tal qual ovelhas, nos desviamos, cada um de nós se voltou para o seu próprio caminho; e o SENHOR fez cair sobre ele a iniquidade de todos nós"*. Através de Jesus Cristo, recebemos vida, quando estávamos mortos, e podemos desfrutar de paz e ser curados.

Se os filhos de Deus servirem a Ele como seu Pai, o Deus Vivo e Soberano, e crerem que Ele faz com que todas as coisas cooperam para o bem daqueles que O amam e responde aos que clamam a Ele, então eles não precisam se preocupar ou ficar ansiosos em tempos de tentação e aflição, mas sim dar graças, regozijar-se e orar.

Isso é "acreditar em Deus", e Ele se alegra ao ver a nossa

fé sendo demonstrada assim. Deus também nos responde de acordo com a nossa fé e permite que O glorifiquemos nos dando evidências de Sua existência.

3. Peça com Fé, Sem Duvidar

O Criador dos céus, da terra e do ser humano usou o homem para escrever a Bíblia, para que a Sua vontade e providência fossem conhecidas por todos. O tempo todo, Deus também Se mostra àqueles que creem Nele e obedecem à Sua Palavra. Ele nos prova que Ele vive e é Soberano através de manifestações de sinais miraculosos e maravilhas.

Podemos crer no Deus vivo ao simplesmente olhar para a criação (Romanos 1:20) e glorificá-Lo com nossas orações com fé Nele ao receber Suas respostas.

Existem a "fé carnal", pela qual cremos por que o nosso conhecimento ou pensamento é congruente com a Palavra de Deus, e a "fé espiritual", que é o tipo de fé através da qual podemos receber Suas respostas. Enquanto aquilo que a Palavra de Deus nos diz seja implausível ao conhecimento e pensamento humano, quando pedimos as coisas a Ele pela fé, Ele nos dá fé e um sentimento de certeza. Esses elementos cristalizam-se em resposta e isso é fé espiritual.

Portanto, Tiago 1:6-8 nos diz: *"Peça-a, porém, com fé,*

sem duvidar, pois aquele que duvida é semelhante à onda do mar, levada e agitada pelo vento. Não pense tal pessoa que receberá coisa alguma do Senhor, pois tem mente dividida e é instável em tudo o que faz".

A dúvida vem do conhecimento, pensamento, argumentos e pretensão do homem; e ela é trazida pelo diabo. Um coração que duvida é instável e de mente dividida, e Deus o detesta. Como seria trágico se seus filhos não conseguissem acreditar, mas duvidassem de que você é seu pai ou mãe biológica! Da mesma forma, como poderia Deus responder às orações de Seus filhos, se eles são incapazes de crer Nele como sendo seu Pai, embora Ele cuide e se importe com eles?

Somos, pois, lembrados de que *"a mentalidade da carne é inimiga de Deus porque não se submete à Lei de Deus, nem pode fazê-lo. Quem é dominado pela carne não pode agradar a Deus"* (Romanos 8:7-8), e encorajados a *"Destruirmos argumentos e toda pretensão que se levanta contra o conhecimento de Deus, e levarmos cativo todo pensamento, para torná-lo obediente a Cristo"* (2 Coríntios 10:5).

Quando a nossa fé se transforma em uma fé espiritual e não duvidamos nem um pouco dela, Deus se agrada profundamente e nos dá tudo aquilo que pedimos. Quando nem Moisés ou Josué duvidaram, mas só agiram pela fé, eles puderam dividir o Mar Vermelho, atravessar o Rio Jordão e destruir os muros de Jericó. Da mesma maneira, quando você disser a um monte: "Levante-se e atire-se no mar", e não duvidar em seu coração, mas crer que acontecerá o que diz, assim lhe será feito.

Suponha que você dissesse ao Monte Everest: "Levante-se e atire-se no Oceano Índico". Você receberia a resposta à sua oração? É mais do que evidente que se o Monto Everest fosse de fato lançado no Oceano Índico, um caos global aconteceria. Uma vez que isso não poderia ser e não é a vontade de Deus, tal oração permanecerá sem resposta, independente do tanto que você orar. Deus não lhe dará a fé espiritual, caso você creia Nele para isso

Se você está orando para fazer algo que é contra a vontade de Deus, o tipo de fé, através da qual você pode crer em seu coração, não virá até você. Você pode até acreditar que a sua primeira oração pode ser respondida, mas com o passar do tempo, as dúvidas começam a crescer. Só quando oramos e pedimos as coisas que casam com a vontade de Deus, sem duvidar o mínimo que seja, é que recebemos Suas respostas. Logo, se a sua oração ainda não foi respondida, você deve entender que é porque você pediu algo que vai contra a vontade de Deus ou você está duvidando ou duvidou de Sua Palavra.

1 João 3:21-22 nos lembra: *"Amados, se o nosso coração não nos condenar, temos confiança diante de Deus e recebemos dele tudo o que pedimos, porque obedecemos aos seus mandamentos e fazemos o que Lhe agrada".*

As pessoas que obedecem às ordens de Deus e fazem o que Lhe agrada não pedem coisas que se opõem à Sua vontade. Podemos receber qualquer coisa que pedimos, desde que ela esteja de acordo com a Sua vontade. Deus nos diz: *"Tudo o que vocês pedirem em oração, creiam que já o receberam, e assim lhes sucederá"* (Marcos 11:24).

Assim, para receber as respostas de Deus, você deve primeiro receber Dele fé espiritual, que Ele lhe dá quando você age e vive conforme a Sua Palavra. Quando você destrói todos os argumentos e especulações levantados contra o conhecimento de Deus, as dúvidas desaparecem e você vem a ter fé espiritual, recebendo, pois, tudo aquilo que pede.

4. Creia que recebe todas as coisas pelas quais você ora e pede

Números 23:19 nos lembra: *"Deus não é homem para que minta, nem filho de homem para que se arrependa. Acaso ele fala, e deixa de agir? Acaso promete, e deixa de cumprir?"*

Se você realmente acredita em Deus, pede com fé, e não duvida nem um triz, pois você acredita que já recebeu tudo aquilo pelo qual pediu ou orou. Deus é soberano e fiel, e Ele promete nos responder.

Então, por que tantas pessoas dizem que não receberam as

respostas de Deus, embora tenham orado com fé? É porque Deus não as respondeu? Não. Deus, com certeza, respondeu sua oração, mas a evidência está demorando, porque elas não se prepararam como vasos dignos de conter Suas respostas.

Quando o agricultor semeia, ele crê que vai colher os frutos, mas não o pode fazer imediatamente. Depois que a semente é plantada, ela brota, floresce e dá fruto. Algumas sementes levam mais tempo para dar frutos do que outras. Semelhantemente, o processo de receber as respostas de Deus requer os procedimentos de plantar e cuidar.

Suponha que um estudante tenha orado: "Permita que eu entre e estude na Universidade de Havard". Se ele tiver orado com fé em Seu poder, Deus certamente responderá à sua oração. No entanto, a resposta pode não vir logo depois da oração. Deus prepara o aluno para que ele cresça como um vaso apropriado para Suas respostas, para mais tarde lhe responder. Deus lhe dará um coração para estudar muito e diligentemente, de modo que ele venha a ser um excelente aluno na escola. À medida que o estudante continua orando, Deus tira de sua mente qualquer pensamento mundano e lhe dá sabedoria e inspiração para ele estudar mais efetivamente. Dependendo das obras do estudante, Deus fará com que tudo em sua vida seja favorável e capacite o jovem com as qualificações para entrar na Havard. No tempo certo, Deus lhe permitirá entrar lá.

A mesma regra se aplica às pessoas acometidas por alguma

doença. Ao aprenderem com a Palavra de Deus por que as doenças vêm e como podem ser curadas, elas oram com fé e podem receber a cura. Elas devem descobrir a parede de pecados que está entre elas e Deus e então chegar à raiz da doença. Se a doença veio por causa de ódio, elas devem se livrar dele e transformar seus corações em corações de amor. Se a doença veio por causa de gula, elas devem receber o poder de domínio próprio de Deus e parar com seu hábito prejudicial. Só através desses processos é que Deus dá às pessoas a fé pela qual elas conseguem crer e se preparar para ser vasos adequados para as Suas respostas.

Orar por prosperidade nos negócios de uma pessoa não se diferencia em nada dos casos acima. Se você orar para receber bênçãos através dos seus negócios, Deus primeiro o colocará em teste, para que você possa se tornar um vaso digno de Sua bênção. Ele lhe dará sabedoria e poder para que a sua habilidade de administrar o negócio seja distinta e, assim, ele cresça e você fique em uma excelente situação. Ele lhe trará indivíduos de confiança, aumentará a sua renda gradativamente e cultivará o seu negócio. No tempo certo, Ele lhe dará exatamente aquilo que pediu.

Com esses processos de plantio e cuidado, Deus faz a nossa alma prosperar e nos coloca em teste para fazer de nós vasos dignos de receber tudo aquilo que Lhe pedirmos. Portanto, você jamais deve ficar impaciente nos seus próprios pensamentos. Ao invés disso, você deve se ajustar ao tempo de Deus e esperar pelo tempo Dele, crendo que já recebeu as Suas respostas.

O Deus Todo-poderoso, segundo as leis do mundo espiritual, responde a Seus filhos em Justiça e se agrada deles, quando Lhe pedem as coisas pela fé. Hebreus 11:6 nos lembra: *"Sem fé é impossível agradar a Deus, pois quem dele se aproxima precisa crer que Ele existe e que recompensa aqueles que o buscam"*.

Que você possa agradar a Deus tendo o tipo de fé através da qual você crê que já recebeu tudo o que pediu em oração e glorifique grandemente a Deus, recebendo tudo aquilo que pedir. Em nome do nosso Senhor, eu oro!

Capítulo 3

A Oração que Agrada a Deus

Lucas 22:39-44

Como de costume,
Jesus foi para o monte das Oliveiras,
e os seus discípulos o seguiram.
Chegando ao lugar, ele lhes disse:
"Orem para que vocês não caiam em tentação".
Ele se afastou deles a uma pequena distância,
ajoelhou-se e começou a orar:
"Pai, se queres, afasta de mim este cálice;
contudo, não seja feita a minha vontade,
mas a tua". Apareceu-lhe então um anjo do
céu que o fortalecia. Estando angustiado,
ele orou ainda mais intensamente;
e o seu suor era como gotas de sangue
que caíam no chão.

1. Jesus Estabeleceu um Exemplo de Oração Certa

Lucas 22:39-44 retrata uma ocasião em que Jesus ora no Getsêmani na noite antes de carregar a cruz para abrir o caminho da salvação para toda a humanidade. Esses versículos nos mostram vários aspectos sobre o tipo de atitude e coração que devemos ter quando oramos.

Como Jesus orou para que Ele não carregasse a pesada cruz, mas também vencesse o inimigo? Que tipo de coração tinha Jesus, quando Ele orou de forma a agradar a Deus com Sua oração e fazer com que Ele mandasse um anjo do céu para fortalecê-Lo?

Com base nesses versículos, que possamos examinar a atitude certa ao orarmos e o tipo de coração que agrada a Deus. Quero encorajar a cada um de vocês a examinar sua própria vida de oração.

1) Jesus tinha o hábito de orar

Deus nos disse para orarmos sem cessar (1 Tessalonicenses 5:17) e prometeu dar-nos algo quando Lhe pedíssemos (Mateus 7:7). Embora seja certo orar continuamente e pedir o tempo todo, a maioria das pessoas só ora, quando quer algo ou tem problemas.

Contudo, Jesus, como de costume, foi para o Monte das Oliveiras (Lucas 22:39). O profeta Daniel ajoelhava-se três vezes por dia, orando e dando graças diante do seu Deus (Daniel 6:10), e dois dos discípulos de Jesus, Pedro e João, dedicavam certa parte do seu dia para orar (Atos 3:1).

Devemos seguir o exemplo de Jesus e desenvolver o hábito de separar um tempo específico para orarmos todos os dias. Deus se agrada principalmente com as orações feitas de madrugada, quando as pessoas entregam tudo a Ele no começo de cada dia, e as feitas à noite, quando elas, no fim do dia, agradecem pela proteção de Deus durante o dia. Através dessas orações você pode receber grande poder de Deus.

2) Jesus ajoelhou-se para orar

Quando você ajoelha, o coração com o qual você ora fica reto e você demonstra reverência às pessoas com as quais você conversa. É natural que qualquer pessoa que ora a Deus se ajoelhe para fazê-lo.

Jesus, o Filho de Deus, orou com uma atitude humilde ao ajoelhar-Se para orar ao soberano Deus. O Rei Salomão (1 Reis 8:54), apóstolo Paulo (Atos 20:36) e diácono Estêvão, que morreu como mártir (Atos 7:60), todos ajoelhavam-se para orar.

Quando pedimos um favor ou coisas que desejamos aos nossos pais ou a outra pessoa com autoridade, ficamos nervosos e tomamos toda precaução para não errarmos. Como, então, apareceremos desmazelados em mente e corpo ao sabermos que estamos falando com o Criador? Ajoelhar-se é uma expressão do seu coração que reverencia a Deus e confia no Seu poder.

Devemos nos limpar e humildemente nos ajoelhar para orar.

3) A oração de Jesus era de acordo com a vontade de Deus

Jesus orou a Deus: *"Contudo, não seja feita a minha vontade, mas a Sua"* (Lucas 22:42). Jesus, o Filho de Deus, veio à terra para morrer em uma cruz de madeira, mesmo sendo Ele inocente e sem mancha. É por isso que Ele orou: *"Pai, se queres, afasta de Mim este cálice"* (Lucas 22:42). Mas Ele sabia que a vontade de Deus era salvar toda a humanidade através de um indivíduo, e orou não para o Seu próprio bem, mas somente de acordo com a vontade de Deus.

1 Coríntios 10:31 nos diz: *"Assim, quer vocês comam, bebam ou façam qualquer outra coisa, façam tudo para a glória de Deus"*. Se pedimos algo que não é para a glória de Deus, mas para nossos desejos carnais, não estamos pedindo certo; devemos orar de acordo com a vontade de Deus. Além do mais, Deus nos diz para mantermos em mente o que encontramos em Tiago 4:2-3: *"Vocês cobiçam coisas, e não as têm; matam e invejam, mas não conseguem obter o que desejam. Vocês vivem a lutar e a fazer guerras. Não têm, porque não pedem. Quando pedem, não recebem, pois pedem por motivos errados, para gastar em seus prazeres"*. Assim, precisamos olhar para nós mesmos e ver se estamos pedindo para satisfazer os nossos prazeres.

4) Jesus orou intensamente

Em Lucas 22:44 podemos ver como Jesus orou com sinceridade. *"Estando angustiado, ele orou ainda mais intensamente; e o seu suor era como gotas de sangue que caíam no chão".* A temperatura no Getsêmani abaixava à noite, e suar seria difícil. Agora, você consegue imaginar o tanto que Jesus se esforçou em oração sincera e profunda para chegar ao ponto de suar gotas como de sangue caindo no chão? Se Ele tivesse orado em silêncio, será que Ele poderia ter orado tão intensamente para suar? Ao clamar a Deus ardente e sinceramente, Seu suor se tornou "como gotas de sangue que caíam no chão".

Em Gênesis 3:17 Deus diz a Adão: *"Visto que você deu ouvidos à sua mulher e comeu do fruto da árvore da qual eu lhe ordenara que não comesse, maldita é a terra por sua causa; com sofrimento você se alimentará dela todos os dias da sua vida".* Antes do homem ser amaldiçoado, ele tinha uma vida de abundância com tudo que Deus lhe provia. Quando o pecado veio ao homem através da desobediência a Deus, sua comunicação com o Seu Criador teve um fim, e agora ele só conseguia comer com doloroso trabalho.

Se o que é possível para nós só pode ser alcançado por meio de doloroso trabalho, o que fazer ao pedir a Deus algo que não podemos fazer? Por favor, lembre-se de que só com clamor a

Deus em oração, que é trabalho doloroso, e suor é que podemos receber o que desejamos que Ele nos dê. Além disso, mantenha em mente que Deus nos falou que são grandes o trabalho e o esforço necessários para colhermos frutos; e que o próprio Jesus trabalhou intensamente em oração. Mantenha essas coisas em mente, faça exatamente o que Jesus fez e ore de forma a agradar a Deus.

Até agora, pois, examinamos como Jesus, que deu exemplo da oração que é certa, orou. Se Jesus, que tinha toda a autoridade, orou daquela forma, quanto mais nós, meras criaturas de Deus? A aparência exterior e a atitude da oração de uma pessoa expressam seu coração. Logo, o tipo de coração com o qual oramos pode ter a mesma importância da atitude com a qual o fazemos.

2. Pontos essenciais da oração que agrada a Deus

Com que tipo de coração devemos orar para agradar a Deus e Ele nos responder?

1) Você deve orar com todo o seu coração

Com o modo como Jesus orou aprendemos que a oração do coração de uma pessoa é o resultado da atitude com a qual ele ora a Deus. Com base na atitude, podemos dizer com que tipo de coração a pessoa ora.

Observe a oração de Jacó em Gênesis 32. Com o Rio Jaboque adiante, Jacó se viu em um dilema. Não podia voltar porque tinha feito um trato com seu tio Labão em que ele não cruzaria uma linha chamada Galeede; e não podia atravessar o Jaboque, já que do outro lado seu irmão Esaú o aguardava com 400 anos para capturá-lo. Foi em tal momento de desespero que o orgulho e o ego de Jacó, nos quais ele vinha se apoiando até então, foram destruídos. Enfim, ele entendeu que só quando ele entregava o seu tudo para Deus e movia o Seu coração é que seus problemas podiam ser resolvidos. Ao orar intensamente a ponto de quebrar a articulação do seu quadril, ele finalmente recebeu a resposta de Deus. Ele conseguiu mover o coração de Deus e reconciliar-se com seu irmão, que o esperava para tratar com ele.

Observe bem 1 Reis 18, em que o profeta Elias recebeu a "resposta de fogo" e glorificou grandemente a Deus. Quando a idolatria estava crescendo no reinado do Rei Acabe, Elias, sozinho, enfrentou os outros 450 profetas de Baal e os derrotou trazendo as respostas de Deus diante dos israelitas e testemunhando o Deus vivo.

Isso aconteceu quando Acabe, achando que o profeta Elias era culpado pelos três anos e meio de seca em Israel, o procurava. Entretanto, quando Deus ordenou que Elias fosse ter com Acabe, ele obedeceu prontamente. Como o profeta foi para diante do rei que procurava matá-lo, falou corajosamente o que Deus queria falar, e reverteu tudo com a oração de fé, sem nenhuma dúvida, uma obra de arrependimento foi manifestada pelas pessoas que vinham adorando a ídolos e elas voltaram para Deus. Além disso, Elias abaixou-se, colocou seu rosto entre os joelhos e orou sinceramente, para que ele trouxesse a obra de Deus na terra e pusesse um fim à seca que atormentava aquela terra por três anos e meio (1 Reis 18:42).

O nosso Deus nos lembra em Ezequiel 36:36-37: *"Eu, o SENHOR, falei, e o farei. Assim diz o Soberano, o SENHOR: Uma vez mais cederei à súplica da nação de Israel e farei isto por ela".* Em outras palavras, embora Deus tivesse prometido a Elias uma chuva forte sobre Israel, ela não poderia ter caído sem a oração sincera do seu coração. A oração do nosso coração pode verdadeiramente mover e impressionar a Deus, que prontamente nos responderá e permitirá que O glorifiquemos.

2) Você deve clamar a Deus em oração

Deus promete nos ouvir e atender quando formos e orarmos a Ele e O buscarmos de todo o nosso coração (Jeremias 29:12-13; Provérbios 8:17). Em Jeremias 33:3 Ele também nos promete: *"Clame a mim e eu responderei e lhe direi coisas grandiosas e insondáveis que você não conhece".* A razão pela qual Deus nos diz para clamarmos a Ele em oração é porque, quando o fazemos em voz alta, conseguimos orar de todo o nosso coração. Em outras palavras, quando clamamos em oração, nos distanciamos de pensamentos mundanos, fadiga e sonolência e os nossos pensamentos não acham lugar em nossa mente.

No entanto, muitas igrejas hoje acreditam e ensinam às suas congregações que ficar em silêncio em seus santuários é santo e demonstra devoção. Quando algum irmão clama a Deus em voz alta, o resto da congregação rapidamente o acha inconveniente e até o condena como herético. Isso, todavia, é causado pela falta de conhecimento da vontade e Palavra de Deus.

As igrejas primitivas, que testemunharam grandes manifestações do avivamento e poder de Deus, puderam agradar a Deus com a plenitude do Espírito Santo, quando levantavam juntas suas vozes a Deus (Atos 4:24). Até hoje podemos ver como inúmeros sinais e maravilhas acontecem e como as pessoas experimentam grande avivamento nas igrejas que clamam a Deus em alta voz e seguem e vivem pela Sua vontade.

"Clamar a Deus" é orar a Ele com uma oração sincera e utilizando a voz. Com uma oração assim irmãos e irmãs em Cristo podem se encher do Espírito Santo e, como as forças prejudiciais do inimigo são expulsas, podem receber respostas às suas orações e dons espirituais.

Na Bíblia encontramos diversas ocasiões em que Jesus e muitos outros patriarcas da fé clamaram a Deus com a voz e foram respondidos.

Examinemos, pois, alguns exemplos no Velho Testamento:

Em Êxodo 15:22-25, vemos uma ocasião em que os israelitas, depois de terem saído do Egito, atravessaram com segurança o Mar Vermelho a pé, depois que a fé de Moisés o dividiu. Porém, como a fé dos israelitas era pequena, eles murmuraram contra Moisés, quando não acharam nada para beber, ao atravessarem o Deserto de Sur. Quando Moisés "clamou" a Deus, as águas amargas de Mara ficaram doces.

Em Números 12, vemos uma ocasião em que a irmã de Moisés, Miriã, pegou lepra ao criticá-lo. Quando Moisés clamou a Deus, dizendo: *"Ó Deus, por misericórdia, concede-lhe a cura!"* Deus a curou da lepra.

Em 1 Samuel 7:9 lemos: *"Então Samuel pegou um cordeiro ainda não desmamado e o ofereceu inteiro como holocausto ao SENHOR. Ele clamou ao SENHOR em favor de Israel, e o SENHOR lhe respondeu".*

1 Reis 17 conta a história de uma viúva de Sarepta que recebeu Elias, servo de Deus, com hospitalidade. Quando seu filho ficou doente, Elias clamou a Deus e disse: *"Ó SENHOR, meu Deus, faze voltar a vida a este menino!"* Deus ouviu a voz de Elias e aquele menino reviveu (1 Reis 17:21-22). Vemos, pois, que, ao ouvir a voz de Elias, Deus respondeu a sua oração.

Jonas, que tinha sido engolido por um grande peixe e ficado preso ali dentro por causa da sua desobediência a Deus, também recebeu salvação, ao clamar a Deus em oração. Em Jonas 2:2

vemos que, quando ele orou, *"Em meu desespero clamei ao SENHOR, e ele me respondeu"*. Deus ouviu o seu clamor e o salvou. Independentemente se situação em que nos encontramos é tão desesperadora ou calamitosa, como a de Jonas, Deus nos concederá os desejos dos nossos corações e as soluções dos nossos problemas, quando nos arrependermos dos nossos erros diante dos Seus olhos e clamarmos a Ele.

O Novo Testamento também está cheio de ocasiões em que as pessoas clamaram a Deus.

Em João 11:43-44, vemos que Jesus bradou em alta voz: *"Lázaro, venha para fora!"* e o homem que havia morrido saiu, com as mãos e os pés envolvidos em faixas de linho e o rosto envolto num pano. Para o morto Lázaro, não ia fazer diferença nenhum se Jesus bradasse ou sussurrasse. Contudo, Jesus clamou a Deus em alta voz. Ele trouxe Lázaro de volta à vida, cujo corpo já estava no túmulo havia 4 dias, com a Sua oração de acordo com a vontade de Deus e mostrou a glória do Criador.

Marcos 10:46-52 nos fala sobre a cura de um mendigo cego chamado Bartimeu:

"Então chegaram a Jericó. Quando Jesus e seus discípulos, juntamente com uma grande multidão, estavam saindo da cidade, o filho de Timeu, Bartimeu, que era cego, estava sentado à beira do caminho

pedindo esmolas. Quando ouviu que era Jesus de Nazaré, começou a gritar: 'Jesus, Filho de Davi, tem misericórdia de mim!' Muitos o repreendiam, para que ficasse quieto, mas ele gritava ainda mais: 'Filho de Davi, tem misericórdia de mim!' Jesus parou e disse: 'Chamem-no'. E chamaram o cego: 'Ânimo! Levante-se! Ele o está chamando'. Lançando sua capa para o lado, de um salto pôs-se em pé e dirigiu-se a Jesus. 'O que você quer que eu lhe faça?', perguntou-lhe Jesus. O cego respondeu: 'Mestre, eu quero ver!' 'Vá', disse Jesus, 'a sua fé o curou'. Imediatamente ele recuperou a visão e seguiu Jesus pelo caminho".

Em Atos 7:59-60, enquanto o diácono Estêvão estava sendo apedrejado e prestes a morrer como mártir, ele falou com o Senhor: *"Senhor Jesus, recebe o meu espírito"*. Depois, caindo de joelhos, ele bradou: *"Senhor, não os considere culpados deste pecado!"*

E em Atos 4:23-24, 31 lemos: *"Quando foram soltos, Pedro e João voltaram para os seus companheiros e contaram tudo o que os chefes dos sacerdotes e os líderes religiosos lhes tinham dito. Ouvindo isso, levantaram juntos a voz a Deus, dizendo: Ó Soberano, tu fizeste os céus, a terra, o mar e tudo o que neles há! Depois de orarem, tremeu o lugar em que estavam reunidos; todos ficaram cheios do Espírito Santo e anunciavam corajosamente a palavra de Deus".*

Quando você clama a Deus, você pode se tornar uma verdadeira testemunha de Jesus Cristo e manifestar o poder do Espírito Santo.

Deus nos disse para clamarmos a Ele, mesmo quando estivermos de jejum. Se passarmos a maior parte do nosso tempo jejuando por causa de fadiga, não receberemos resposta alguma de Deus. Ele nos promete em Isaías 58:9: *"Aí sim, você clamará ao SENHOR, e ele responderá; você gritará por socorro, e ele dirá: Aqui estou"*. Segundo a Sua promessa, se clamarmos quando jejuarmos, graça e poder virão sobre nós e nós seremos vitoriosos, recebendo as respostas de Deus.

Com a "Parábola da Viúva Persistente", Jesus nos perguntou retoricamente: *"Acaso Deus não fará justiça aos seus escolhidos, que clamam a ele dia e noite? Continuará fazendo-os esperar?"* e nos falou para clamarmos em oração (Lucas 18:7).

Assim sendo, como Jesus nos diz em Mateus 5:18: *"Digo-lhes a verdade: Enquanto existirem céus e terra, de forma alguma desaparecerá da Lei a menor letra ou o menor traço, até que tudo se cumpra"*, quando os filhos de Deus oram, é mais do que natural que clamem em oração. Trata-se de uma ordem de Deus. Uma vez que a Sua Lei dita que comeremos do fruto do nosso trabalho, podemos receber Suas respostas quando clamamos a Ele.

Algumas pessoas podem contestar com base em Mateus 6:6-8 dizendo: "Nós realmente precisamos orar a Deus, quando Ele já sabe aquilo de que precisamos antes mesmo de Lhe pedirmos?" ou "Por que orar quando Jesus falou para orarmos em secreto, no quarto, com a porta fechada?" Entretanto, em nenhum lugar da Bíblia você vai encontrar passagens falando de pessoas orando em secreto no conforto dos seus quartos.

O verdadeiro significado de Mateus 6:6-8 frisa que devemos orar com todo o nosso coração. Entre no seu quarto interno e feche a porta. Se você estiver num quarto privado e silencioso com a porta fechada, você acha que será interrompido por coisas externas? Assim como impedimos o acesso vindo de fora, quando estamos em nosso quarto com a porta fechada, Jesus em Mateus 6:6-8 está nos falando para nos separarmos de todos os nossos pensamentos, pensamentos mundanos, preocupações, ansiedades e coisas do tipo, e orarmos com todo o nosso coração.

Além do mais, Jesus contou essa história, para que fosse uma lição para as pessoas saberem que Deus não ouve a oração dos fariseus e sacerdotes, que durante o tempo de Jesus, oravam em alta voz para serem elogiados e vistos pelos outros. Não devemos ter orgulho da quantidade da nossa oração, mas devemos orar com todo o coração e intensidade Àquele que esquadrinha as mentes e corações, ao Todo-poderoso que conhece todas as nossas necessidades e desejos, e ao que é o nosso tudo.

É difícil orar com todo o coração em uma oração silenciosa.

Tente orar de noite por meditação, com os olhos fechados. Logo você vai se ver lutando contra o cansaço e pensamentos mundanos ao invés de estar orando. Quando cansa de combater o sono, você dorme sem se dar conta direito do que está acontecendo. Ao invés de orar silenciosamente em um lugar silencioso, *"Jesus saiu para o monte a fim de orar, e passou a noite orando a Deus"* (Lucas 6:12) e *"De madrugada, quando ainda estava escuro, Jesus levantou-se, saiu de casa e foi para um lugar deserto, onde ficou orando"* (Marcos 1:35). No andar de cima de sua casa, o profeta Daniel abria as janelas que davam para Jerusalém e ajoelhava-se três vezes por dia, orando e dando graças ao seu Deus (Daniel 6:10). Pedro subiu ao telhado para orar (Atos 10:9), e o apóstolo Paulo foi para a beira do rio, onde esperava encontrar um lugar de oração, e orou ali enquanto estava em Filipos (Atos 16:13, 16). Essas pessoas designavam lugares específicos para orar, pois queriam orar com todo o coração. Você deve orar de uma forma que a sua oração possa penetrar e passar pelas forças do inimigo e governador dos ares e ser entregue no alto trono. Só então você será cheio do Espírito Santo, suas tentações serão expulsas, e você receberá respostas aos seus pequenos e grandes problemas.

3) Sua oração deve ter um propósito

Algumas pessoas podem plantar árvores para obter boa

madeira, outras para bons frutos, e ainda outras podem utilizar a madeira para fazer um lindo jardim. Se alguém planta árvores sem nenhum propósito em particular, antes das mudas crescerem, a pessoa pode negligenciar suas árvores por se preocupar com suas outras coisas.

Ter um propósito claro em qualquer empreendimento o impulsiona e faz com que os resultados sejam melhores e mais rápidos. Sem um propósito claro, entretanto, o empreendimento não consegue enfrentar sequer um obstáculo pequeno, pois, sem direção, só se tem dúvidas e resignação.

Devemos ter um propósito claro, quando oramos a Deus. Ele nos prometeu que receberíamos Dele qualquer coisa que Lhe pedíssemos se o fizéssemos com confiança (1 João 3:21-22) e, quando o propósito da nossa oração é claro, conseguimos orar mais sinceramente e com maior perseverança. O nosso Deus, quando vê que não há nada a ser condenado em nosso coração, nos providenciará todas as coisas de que precisamos. Devemos sempre manter em mente qual é o propósito da nossa oração e orarmos de forma a agradar a Deus.

4) Você deve orar pela fé

Como a medida da fé varia de pessoa para pessoa, todo mundo recebe as respostas de Deus segundo a sua fé. Quando as pessoas aceitam Jesus Cristo e abrem seus corações, o Espírito Santo vem habitar nelas e Deus as sela como Suas filhas. É aí que elas têm a fé do tamanho de um grão de mostarda. À medida que elas passam a guardar o Dia Santo do Senhor, orar, lutar para obedecer aos Seus mandamentos e viver pela Sua Palavra, sua fé cresce. No entanto, quando elas enfrentam tentações e sofrimento, antes de ficarem firmes sobre a rocha da fé, elas podem questionar sobre o poder de Deus e desanimar vez e outra. Contudo, depois que estiverem firmes sobre a rocha da fé, elas não cairão, independente das circunstâncias, mas olharão para Deus com fé e continuarão orando. Deus vê tal fé e trabalha para o bem daqueles que O amam.

Ao acumularem oração depois de oração, com o poder do alto essas pessoas lutam contra o pecado e se parecem com o Senhor. Elas têm uma ideia clara da vontade do nosso Senhor e obedecem a ela. Essa é a fé que agrada a Deus, e elas recebem tudo aquilo que pedem. Quando as pessoas atingem essa medida de fé, elas provam da promessa encontrada em Marcos 16:17-18, que diz: *"Estes sinais acompanharão os que crerem: em meu nome expulsarão demônios; falarão novas línguas; pegarão em serpentes; e, se beberem algum veneno mortal, não lhes fará mal nenhum; imporão as mãos sobre os doentes, e estes ficarão curados".* As pessoas de grande fé receberão as respostas de acordo com o tanto de fé que possuem; e assim também é com aquelas que têm uma medida pequena de fé.

Existe a "fé centrada em si mesmo", que você passa a possuir por conta própria, e a "fé dada por Deus". A "fé centrada em si mesmo" não tem relação com as obras das pessoas, mas a "fé dada por Deus" é espiritual e é sempre acompanhada por obras. A Bíblia nos fala que a fé é a certeza das coisas que se espera (Hebreus 11:1), mas a "fé centrada em si mesmo" não se torna uma certeza. Por mais que a pessoa tenha fé para dividir o Mar Vermelho ou mudar um monte de lugar, com a "fé centrada em si mesmo" ela não tem convicção das respostas de Deus.

Deus nos dá uma "fé viva", que é acompanhada por obras, quando nós, de acordo com a nossa própria fé Nele, demonstramos nossa fé com obras e oramos. Quando mostramos a Deus a fé que já possuímos, essa fé se junta à "fé viva" que Ele nos dá, e que, por sua vez, torna-se uma grande fé através da qual podemos receber Suas respostas sem demora. Às vezes as pessoas experimentam uma certeza inegável de Sua resposta. Essa é a fé dada a elas por Deus, e quando temos tal fé, já recebemos nossas respostas.

Logo, sem duvidar nem um triz, devemos depositar a nossa confiança na promessa que Jesus nos dá em Marcos 11:24: *"Portanto, eu lhes digo: Tudo o que vocês pedirem em oração, creiam que já o receberam, e assim lhes sucederá"*. E devemos orar até termos certeza das respostas de Deus, e receber tudo aquilo que pedirmos em oração (Mateus 21:22).

5) Você deve orar em amor

Hebreus 11:6 nos diz: *"Sem fé é impossível agradar a*

Deus, pois quem dele se aproxima precisa crer que ele existe e que recompensa aqueles que o buscam". Se crermos que todas as nossas orações serão respondidas e que elas são estocadas como nossas recompensas celestiais, não acharemos que orar é cansativo ou difícil.

Assim como Jesus orou intensamente para dar Sua vida pela humanidade, se orarmos com amor por outras almas, também poderemos orar sinceramente. Se você conseguir orar com sincero amor pelos outros, significa que você consegue se colocar no lugar deles e ver o problemas deles como se fossem seus, orando, assim, com toda sinceridade.

Por exemplo, suponha que você vá orar pela construção do santuário de sua igreja. Você deve orar com o mesmo coração com o qual oraria pela construção de sua própria casa. Assim como você pediria detalhadamente pelo lote, pedreiros, materiais e coisas do tipo para a sua própria casa, você também deve pedir por cada elemento e fator necessários para a construção do santuário. Se você for orar por um paciente, você deve se colocar no lugar da pessoa e dar o seu tudo em oração com todo o seu coração, como se a dor e o sofrimento dela fossem os seus.

A fim de cumprir a vontade de Deus, Jesus tinha o costume de Se ajoelhar e dar o Seu tudo em oração por amor a Deus e pela humanidade. Como resultado, o caminho da salvação se abriu e qualquer que aceita Jesus Cristo pode agora ser perdoado de seus pecados e desfrutar da autoridade de ser filho de Deus.

Baseados na forma como Jesus orava e nos pontos essenciais da oração que agrada a Deus, é que podemos examinar a atitude do nosso coração, orar com uma atitude e um coração que agradam a Deus e receber Dele as respostas para tudo aquilo que pedirmos em oração.

Capítulo 4

Que Você não Caia em Tentação

Mateus 26:40-41

Depois, voltou aos seus discípulos
e os encontrou dormindo.
"Vocês não puderam vigiar comigo
nem por uma hora?", perguntou ele a Pedro.
"Vigiem e orem para que não caiam em tentação.
O espírito está pronto,
mas a carne é fraca".

1. Vida de Oração: A Respiração do Nosso Espírito

O nosso Deus está vivo, observa a vida, a morte, a maldição e a bênção de todos os homens. Ele é Deus de amor, justiça e bondade. Ele não quer que Seus filhos caiam em tentação ou enfrentem sofrimentos, mas que tenham vidas cheias de bênçãos. É por isso que Ele enviou o Conselheiro Espírito Santo a terra para ajudar Seus filhos a vencer esse mundo, expulsar o diabo, ter vidas saudáveis e cheias de alegria, e alcançar a salvação.

Deus nos prometeu em Jeremias 29:11-12: *"'Porque sou eu que conheço os planos que tenho para vocês', diz o SENHOR, 'planos de fazê-los prosperar e não de lhes causar dano, planos de dar-lhes esperança e um futuro. Então vocês clamarão a mim, virão orar a mim, e eu os ouvirei. Vocês me procurarão e me acharão, quando me procurarem de todo o coração'"*.

Se queremos ter uma vida de paz e esperança, devemos orar. Se orarmos continuamente durante nossas vidas em Cristo, não seremos tentados, nossa alma prosperará, o que for aparentemente "impossível" será "possível", todas as áreas da nossa vida irão bem e desfrutaremos de boa saúde. Contudo, se os filhos de Deus não oram, como o nosso inimigo fica ao derredor bramando como um leão buscando a quem possa devorar, enfrentam tentações e se deparam com desastres.

Assim como a vida expira, se não respirarmos todos os dias, a importância da oração na vida dos filhos de Deus não pode ser expressa com palavras. É por isso que Deus ordena que oremos sem cessar (1 Tessalonicenses 5:17), nos faz lembrar que deixar de orar é pecado (1 Samuel 12:23), e nos ensina a orar, para que não caiamos em tentação (Mateus 26:41).

Novos crentes que acabaram de aceitar Jesus Cristo pela primeira vez tendem a achar que orar é difícil, pois não sabem como orar. Nosso espírito morto renasce, quando aceitamos a Cristo e recebemos o Espírito Santo. Nossa condição espiritual nesse momento de nossa vida é como a de um recém-nascido; é difícil orar.

Entretanto, se eles não desistem, mas continuam orando e fazendo da Palavra de Deus o seu pão, seus espíritos se fortalecem e suas orações ficam cada vez mais potentes. Assim como as pessoas não podem viver sem respirar, eles entendem que não podem viver sem orar.

Na minha infância, as crianças competiam entre si para ver quem conseguia segurar a respiração por mais tempo. Uma enfrentava a outra, começando com uma grande tomada de fôlego, quando uma outra criança dizia: "Prontos?". Então, quando ela mesma gritava: "Já!" com uma expressão facial cheia de determinação, as outras duas crianças seguravam a respiração.

Inicialmente, segurar a respiração não era muito difícil. À medida que o tempo passava, entretanto, as crianças sentiam seus rostos ficando vermelhos, e, no fim, não conseguiam mais segurar a respiração e eram forçadas a voltar a respirar. Ninguém vive, se sua respiração para.

E é o mesmo com a oração. Quando uma pessoa espiritual para de orar, ela não percebe muita diferença no início. Contudo, com o passar do tempo, seu coração começa a ficar desanimado e aflito. Se pudéssemos ver seu espírito como nossos olhos naturais, veríamos um espírito quase sufocado. Se ela vir que tudo isso é porque ela parou de orar e voltar a fazê-lo, poderá ter novamente uma vida normal em Cristo. No entanto, se ela continuar cometendo o pecado de deixar de orar, seu coração ficará cada vez mais infeliz e estressado e ela verá muitos aspectos de sua vida sem retidão.

"Tirar uma folga" da oração não é da vontade de Deus. Assim como arquejamos até a nossa respiração voltar ao normal, voltar para a vida de oração normal do passado é mais difícil e leva mais tempo. Quanto maior a nossa "folga", mais tempo levaremos para recuperar nossa vida de oração.

As pessoas que entendem que a oração é a respiração de seus espíritos, não acham que orar seja árduo. Se elas oram continuamente da mesma forma como inspiram e expiram, ao invés de achar que orar é algo difícil e que exige coragem, elas ganham mais paz, se enchem mais de esperança e ficam mais alegres. Isso é porque elas recebem as respostas de Deus e O glorificam à medida que oram.

2. Razões Pelas Quais Tentações Vêm Para Pessoas que Não Oram

Jesus estabeleceu um exemplo de oração para nós e disse aos Seus discípulos para vigiarem e orarem, para que não caíssem em tentação (Mateus 26:41). Logo, se não orarmos continuamente, cairemos em tentação. Então, por que vem para aqueles que não oram?

Deus criou o primeiro homem, Adão, fez dele um ser vivo e permitiu que ele se comunicasse com Deus, que é Espírito. Depois que Adão comeu da árvore do conhecimento do bem e do mal e desobedeceu a Deus, seu espírito morreu, sua comunicação com Ele foi interrompida e ele foi expulso do Jardim do Éden. Como o inimigo, o diabo, governador do reino dos ares, passou a ter controle sobre o homem, que não mais podia se comunicar com Deus, que é Espírito, o homem foi ficando cada vez mais encharcado de pecado.

Uma vez que o salário do pecado é a morte (Romanos 6:23), Deus revelou Sua providência de salvação para toda a humanidade, que estava destinada à morte, através de Jesus Cristo. Deus sela como Seu filho todo aquele que aceita Jesus como seu Salvador, confessa ser pecador e se arrepende; e como prova disso, Deus lhe dá o Espírito Santo.

O Espírito Santo, o Consolador, que Deus enviou ao mundo para convencê-lo do pecado, da justiça e do juízo (João 16:8), intercede por nós com gemidos que palavras não podem exprimir (Romanos 8:26), e nos capacita para vencermos o mundo.

Para sermos cheios do Espírito Santo e recebermos Sua direção, a oração é absolutamente necessária. Só quando orarmos é que o Espírito Santo falará conosco, moverá os nossos corações e mentes, nos advertirá quanto às tentações iminentes, nos mostrará como evitá-las e nos ajudará a vencê-las, se porventura elas vierem em nossos caminhos.

No entanto, sem orar não há como distinguir o que é vontade de Deus e o que é vontade do homem. Em busca de desejos mundanos, pessoas sem uma rotina de vida de oração vão viver segundo seus velhos hábitos e buscarão o que está de acordo com sua justiça própria. Portanto, tentações e sofrimentos recaem sobre elas e elas enfrentam todo tipo de dificuldade.

Em Tiago 1:13-15 lemos: *"Quando alguém for tentado, jamais deverá dizer: 'Estou sendo tentado por Deus'. Pois Deus não pode ser tentado pelo mal, e a ninguém tenta. Cada um, porém, é tentado pelo próprio mau desejo, sendo por este arrastado e seduzido. Então esse desejo, tendo concebido, dá à luz o pecado, e o pecado, após ter sido consumado, gera a morte".*

Em outras palavras, as tentações vêm na vida daqueles que não oram, pois não conseguem discernir a vontade de Deus da vontade do homem, são seduzidos por seus próprios desejos carnais e sofrem com provações, por não conseguirem vencer as tentações. Deus quer que todos os Seus filhos aprendam a se alegrar independente das circunstâncias, saibam o que é passar necessidade e o que é ter com sobra, e aprendam o segredo para estarem contentes em toda e qualquer situação, estejam com fome ou bem alimentados, vivendo em abundância ou em necessidade (Filipenses 4:11-12).

Todavia, uma vez que os desejos mundanos dão à luz o pecado, e o salário deste é a morte, Deus não pode proteger aqueles que insistem em pecar. O inimigo traz tentação e sofrimento para as pessoas, à medida que elas pecam. Algumas das que caem em tentação entristecem a Deus dizendo que Ele foi que as fez cair e sofrer. Isso, entretanto, é guardar rancor contra Deus, e tais indivíduos não conseguem vencer as tentações e não deixam um espaço em seus corações para Deus trabalhar para seu próprio bem.

Sendo assim, Deus ordena que destruamos especulações e toda coisa arrogante levantada contra o conhecimento Dele, e que coloquemos todo pensamento cativo à obediência de Cristo (2 Coríntios 10:5). E Ele nos lembra em Romanos 8:6-7: *"A mentalidade da carne é morte, mas a mentalidade do Espírito é vida e paz; a mentalidade da carne é inimiga de Deus porque não se submete à Lei de Deus, nem pode fazê-lo"*.

A maior parte daquilo que aprendemos e armazenamos em nossas mentes como sendo "coisas certas", antes de conhecermos a Deus, na verdade são erradas à luz da verdade. Assim, podemos seguir completamente a vontade de Deus, quando destruímos todas as teorias e pensamentos carnais que temos; e se queremos destruir toda argumentação e pretensão que temos, precisamos orar.

Às vezes, o Deus de amor corrige Seus amados filhos, para que eles não sigam por um caminho de destruição e permite que tentações venham sobre eles, para que possam se arrepender e se converter dos seus maus caminhos. Quando as pessoas se examinam e se arrependem daquilo que não é certo aos olhos de Deus, oram continuamente, olham para Aquele que faz todas as coisas cooperarem para o bem daqueles que O amam, e se regozijam sempre, Deus vê sua fé e certamente as responde.

3. O Espírito Está Pronto, Mas a Carne é Fraca

Uma noite, antes de Jesus tomar a cruz, Ele foi para um lugar chamado Getsêmani com Seus discípulos e orou intensamente. Quando Ele viu que os discípulos estavam dormindo, Ele lamentou dizendo: *"O espírito está pronto, mas a carne é fraca"* (Mateus 26:41).

Na Bíblia existem termos como: "carne", "coisas da carne" e "obras da carne". De um lado, "carne" é o oposto de "espírito" e geralmente se refere a tudo que é corrupto e mutável. Refere-se a toda criatura, plantas, todos os animais, etc.; inclusive o homem, antes de ser transformado pela verdade. "Espírito", por sua vez, se refere às coisas que duram para sempre, são verdadeiras e imutáveis.

Desde a desobediência de Adão, todos os homens e mulheres têm nascido com uma natureza pecaminosa inata, e esse é o pecado original. "Pecados cometidos pela própria pessoa" são atos cometidos com a instigação do diabo. O homem se torna "carne", quando a inverdade espalha em seu corpo e o seu corpo é combinado com a natureza pecaminosa. É isso que Romanos 9:8 menciona ser "filhos da carne". O Versículo diz: *"Isto é, não são os filhos da carne que são filhos de Deus, mas os filhos da promessa são contados como descendência"* [Edição Almeida Corrigida e Revisada Fiel – Ed. 1994]. E Romanos 13:14 nos adverte: *"Ao contrário, revistam-se do Senhor Jesus Cristo, e não fiquem premeditando como satisfazer os desejos da carne"*.

"As coisas da carne" são tributos pecaminosos como trapaça, inveja, ciúmes e ódio (Romanos 8:5-8). Podem ainda não ter sido colocados em prática, mas podem se tornar alguma ação. Quando esses desejos viram atitudes, passam a ser referidos como *"obras da carne"* (Gálatas 5:19-21).

O que Jesus quis dizer com "a carne é fraca"? Estava Ele referindo-se à condição física dos Seus discípulos? Como ex-pecadores, Pedro, Tiago e João eram homens que estavam no ápice da vida e sua saúde boa e robusta. Para pessoas que passavam muitas noites pescando, ficar acordado por umas poucas horas não era nada demais. Entretanto, mesmo Jesus tendo pedido a eles que ficassem ali e vigiassem com Ele, os três discípulos foram incapazes de orar e acabaram por dormir. Eles podem ter ido ao Getsêmani para orar com Jesus, mas esse desejo estava apenas em seu coração. Assim, quando Jesus lhes disse que a carne deles era "fraca", Ele queria dizer que todos os três foram incapazes de impedir o desejo da carne, que os levou a querer dormir e descansar.

Pedro, que era um dos queridos discípulos de Jesus, não conseguiu orar porque sua carne era fraca, embora seu espírito estivesse pronto. E quando Jesus foi capturado e sua vida foi ameaçada, ele O negou três vezes. Isso aconteceu antes da ressurreição e ascensão de Jesus ao céu, e Pedro se encontrou em profundo medo, sem ter o Espírito Santo. Depois que ele recebeu o Espírito Santo, entretanto, ele ressuscitava mortos, manifestava sinais e maravilhas e ficou tão corajoso, a ponto de ser crucificado de cabeça para baixo. Pedro não tinha mais sinais de fraqueza, pois ele tinha sido transformado em um apóstolo corajoso do poder de Deus, que não tinha medo da morte. Isso foi porque Jesus derramou o seu sangue precioso, imaculado e inocente e nos redimiu de nossas enfermidades, pobreza e fraquezas. Se vivermos pela fé, em obediência à Palavra de Deus, desfrutaremos de boa saúde, tanto física como espiritual, e seremos capazes de fazer o que é impossível para o homem –

tudo nos será possível.

Às vezes, algumas pessoas que cometem pecados, no entanto, ao invés de se arrependerem, são rápidas ao dizerem "A carne é fraca" e acham que pecar é natural. Tais pessoas pronunciam tais palavras porque não conhecem a verdade. Suponha que um pai desse ao seu filho $1,000. Como seria ridículo se o filho colocasse o dinheiro no bolso e dissesse ao pai: "Não tenho dinheiro; nem um centavo"! E como seria frustrante para o pai, se o seu filho, ainda com os $1,000 no bolso, estivesse morrendo de fome e não comprasse nada para comer! Portanto, para aqueles que receberam o Espírito Santo, "A carne é fraca" é um oximoro.

Vejo muitas pessoas que costumavam ir dormir às 10h da noite e agora frequentam a "Vigília de Sexta à Noite" depois de orar e receber a ajuda do Espírito Santo. Elas não se cansam ou ficam com sono, mas dão toda a noite de sexta para Deus, na completude do Espírito Santo. Isso é porque, na completude do Espírito Santo, os olhos espirituais das pessoas se afiam, seus corações transbordam de alegria, elas não se sentem cansadas e seus corpos ficam leves.

Como estamos vivendo na era do Espírito Santo, jamais devemos pecar porque "a carne é fraca" ou deixar de orar. Mantendo-nos continuamente alertas e em oração, devemos receber o auxílio do Espírito Santo e nos despojar das coisas e obras da carne e, zelosamente, ter vidas em Cristo, vivendo sempre segundo a vontade de Deus para nós.

4. Bênção para Pessoas Que Permanecem Alertas e em Oração

1 Pedro 5:8-9 nos diz: *"Estejam em alerta e vigiem. O Diabo, o inimigo de vocês, anda ao redor como leão, rugindo e procurando a quem possa devorar. Resistam-lhe, permanecendo firmes na fé, sabendo que os irmãos que vocês têm em todo o mundo estão passando pelos mesmos sofrimentos".* Satanás e o diabo, governadores do reino dos ares, se esforçam e aproveitam toda oportunidade que têm para fazer os crentes em Deus se desviarem e para impedir que o Seu povo tenha fé.

Se alguém quer arrancar uma árvore pela raiz, essa pessoa primeiro tenta sacudi-la. Se o tronco é grande e grosso e a raiz da árvore é profunda, ela desiste e vai tentar arrancar outra árvore. Quando parece que a segunda árvore pode ser arrancada mais facilmente do que a primeira, a pessoa fica mais determinada ainda e sacode a segunda árvore com ainda mais força. Semelhantemente, o inimigo que procura nos seduzir será expulso, se permanecermos firmes. Todavia, se somos abalados o mínimo que seja, o diabo continua trazendo-nos tentações para nos trazer ao chão.

Para discernirmos e destruirmos os esquemas do inimigo e andarmos na luz, vivendo segundo a Palavra de Deus, devemos lutar em oração e receber a força e o poder de Deus. Jesus, o único Filho de Deus, pôde realizar tudo segundo a vontade do Pai, por causa do poder da oração. Antes de começar Seu ministério público, Ele Se preparou jejuando quarenta dias e quarenta noites; e, durante os Seus três anos de ministério, Ele manifestou incríveis obras do poder de Deus orando continuamente. No fim de Seu ministério público, Jesus pôde destruir a autoridade da morte e vencer através da ressurreição, pois Ele orou intensamente, Ele batalhou em oração no Getsêmani. Essa é a razão pela qual nosso Senhor nos incentivou dizendo: *"Dediquem-se à oração, estejam em alerta e sejam agradecidos"* (Colossenses 4:2), e *"O fim de todas as coisas está próximo. Portanto, sejam criteriosos e estejam alerta; dediquem-se à oração"* (1 Pedro 4:7). Ele também nos ensinou a orar, *"E não nos deixes cair em tentação, mas livra-nos do mal"* (Mateus 6:13). Não cairmos em tentação é algo extremamente importante. Se você cai em tentação, significa que você não a venceu, cansou-se e retrocedeu na fé – coisas das quais Deus não agrada.

Quando nos mantemos em alerta e oramos, o Espírito Santo nos ensina a andar no caminho certo e nós lutamos contra os nossos pecados, despojando-nos deles. Além do mais, à medida que a nossa alma prospera, o nosso coração se assemelha ao do nosso Senhor, todas as áreas da nossa vida vão bem, e nós recebemos a bênção da boa saúde.

A oração é a chave para termos tudo na vida, indo bem e

recebermos a bênção da boa saúde física e espiritual. Foi-nos prometido em 1 João 5:18: *"Sabemos que todo aquele que é nascido de Deus não está no pecado; aquele que nasceu de Deus o protege, e o Maligno não o atinge"*. É por isso que quando nos mantemos em alerta, oramos e andamos na luz, estamos guardados e, ainda que caiamos em tentação, Deus nos mostra maneiras de escapar dela. Todas as coisas cooperam para o bem daqueles que O amam.

Uma vez que Deus nos falou para orarmos continuamente, devemos nos tornar Seus filhos abençoados com vidas em Cristo, mantendo-nos em alerta, expulsando o inimigo e recebendo tudo com o que Deus pretende nos abençoar.

Em 1 Tessalonicenses 5:23 lemos: *"Que o próprio Deus da paz os santifique inteiramente. Que todo o espírito, a alma e o corpo de vocês sejam preservados irrepreensíveis na vinda de nosso Senhor Jesus Cristo"*.

Que cada um de vocês possa receber a ajuda do Espírito Santo, mantendo-se em alerta e orando continuamente. Venha possuir um coração inocente e sem mancha como filhos de Deus, despojando-se de toda natureza pecaminosa e circuncidando seu coração pelo Espírito Santo; desfrute da autoridade como filho de Deus, na qual a sua alma prospera, tudo na sua vida vai bem e você recebe a bênção da boa saúde. Glorifique a Deus em tudo o que fizer, em nome do Senhor Jesus Cristo, eu oro!

Capítulo 5

A Oração do Justo

Tiago 5:16 -18

A oração de um justo é poderosa e eficaz.

Elias era humano como nós.

Ele orou fervorosamente para

que não chovesse,

e não choveu sobre a terra

durante três anos e meio. Orou outra vez,

e os céus enviaram chuva,

e a terra produziu os seus frutos.

1. A Oração de Fé que Cura o Doente

Quando olhamos para nossas vidas, vemos que houve vezes em que oramos em meio a sofrimentos e vezes em que louvamos e regozijamos depois de termos recebido as respostas de Deus. Houve vezes em que oramos com outros pela cura de pessoas que amávamos e vezes em que O glorificamos depois de ter realizado o que era impossível para o homem.

Em Hebreus 11 podemos encontrar diversas referências de fé. Somos lembrados no primeiro versículo: *"Ora, a fé é a certeza daquilo que esperamos e a prova das coisas que não vemos"*, enquanto *"Sem fé é impossível agradar a Deus, pois quem dele se aproxima precisa crer que ele existe e que recompensa aqueles que o buscam"* (versículo 6).

A fé, em geral, pode ser separada entre "fé carnal" e "fé espiritual". De um lado, com a fé carnal podemos acreditar na Palavra de Deus só quando a Palavra está de acordo com o nosso pensamento. Esse tipo de fé não traz nenhuma mudança para as nossas vidas. De outro lado, com a fé espiritual podemos crer no poder do Deus vivo e acreditar em Sua Palavra como ela é, ainda que ela não se encaixe nos nossos pensamentos e teorias. Ao crermos na obra do Deus que cria as coisas do nada, experimentamos mudanças tangíveis em nossas vidas, bem como sinais e maravilhas, e passamos a de fato crer que tudo é possível aos que creem.

É por isso que Jesus nos disse: *"Estes sinais acompanharão os que crerem: em meu nome expulsarão demônios; falarão novas línguas; pegarão em serpentes; e, se beberem algum veneno mortal, não lhes fará mal nenhum; imporão as mãos sobre os doentes, e estes ficarão curados"* (Marcos 16:17-18), *"Tudo é possível àquele que crê"* (Marcos 9:23), e que *"Portanto, eu lhes digo: Tudo o que vocês pedirem em oração, creiam que já o receberam, e assim lhes sucederá"* (Marcos 11:24).

Como podemos obter fé espiritual e ter nossas próprias experiências do grande poder do nosso Deus? Acima de qualquer outra coisa, devemos nos lembrar do que o apóstolo disse em 2 Coríntios 10:5: *"Destruímos argumentos e toda pretensão que se levanta contra o conhecimento de Deus, e levamos cativo todo pensamento, para torná-lo obediente a Cristo"*. Devemos parar de considerar verdade o conhecimento que temos até agora e destruir todo pensamento e teoria que violam a Palavra de Deus, ser obedientes a ela, que é a Verdade, e viver por ela. Quanto mais destruímos nossos pensamentos carnais e nos livramos da inverdade que há em nós, a nossa alma prospera e nós vamos obtendo fé espiritual, através da qual conseguimos crer.

A fé espiritual é a medida de fé que Deus deu a cada um de nós (Romanos 12:3). Depois de ouvir o evangelho e aceitar Jesus Cristo, inicialmente, nossa fé é pequena como um grão de mostarda. À medida que persistimos diligentemente a frequentar os cultos, ouvir a Palavra de Deus e viver por ela, tornamo-nos cada vez mais justos. A nossa fé vira uma grande fé e os sinais que acompanham aqueles que creem certamente passam a nos acompanhar.

Ao orarmos pela cura de enfermos, a nossa oração deve ser feita com fé espiritual. Foi pelo fato de o centurião, cujo servo estava paralisado e sofrendo muito, retratado em Mateus 8, ter tido fé para crer que seu servo seria curado, se Jesus tão somente liberasse a palavra, é que ele foi curado na mesma hora (Mateus 8:5-13).

Além do mais, quando oramos pelos doentes, devemos ser ousados na fé e não duvidar, pois, como a Palavra de Deus nos diz: *"Peça-a, porém, com fé, sem duvidar, pois aquele que duvida é semelhante à onda do mar, levada e agitada pelo vento. Não pense tal pessoa que receberá coisa alguma do Senhor"* (Tiago 1:6-7).

Deus se alegra com uma fé firme e forte que não balança pra lá e pra cá, e quando nós nos unimos em amor e oramos pelo doente com fé, Ele trabalha de forma ainda maior. Como a doença é o resultado do pecado e Deus é o SENHOR que Cura (Êxodo 15:26), quando confessamos nossos pecados uns aos outros e oramos uns pelos outros, Deus nos dá perdão e cura.

Quando você ora com fé espiritual e em amor espiritual, você experimenta a grande obra de Deus, testemunha o amor do Senhor e O honra.

2. Poderosa e Eficaz é a Oração do Justo

Segundo o dicionário *Merriam-Webster,* um homem justo é um homem que "age de acordo com a lei divina ou moral, livre de culpa ou pecado". Contudo, Romanos 3:10 nos diz: *"Não há nenhum justo, nem um sequer"* (Romanos 2:13). E Deus diz: *"Porque não são os que ouvem a Lei que são justos aos olhos de Deus; mas os que obedecem à Lei, estes serão declarados justos"* (Romanos 3:20).

O pecado entrou no mundo através da desobediência de Adão, o primeiro homem criado, e inúmeras pessoas passaram a ser culpadas por causa do pecado de um homem (Romanos 5:12, 18). Para a humanidade, que não correspondeu à glória de Deus, descumpriu a Lei, Ele manifestou justiça e ela é feita através da fé em Jesus Cristo, em todos aqueles que creem Nele (Romanos 3:21-23).

Como a "justiça" desse mundo varia de acordo com os valores de cada geração, ela não pode ser um padrão verdadeiro de justiça. Entretanto, uma vez que Deus nunca muda, Sua justiça pode ser o padrão da verdadeira justiça.

Logo, lemos em Romanos 3:28: *"Pois sustentamos que o homem é justificado pela fé, independente da obediência à Lei".* Contudo, não anulamos a lei com a nossa fé, mas sim a confirmamos (Romanos 3:31).

Se somos justificados pela fé, devemos produzir o fruto de

alcançar a santidade, sendo libertos do pecado e tornando-nos escravos de Deus. Devemos batalhar para sermos verdadeiramente justos, livrando-nos de inverdades que violam a Palavra de Deus e vivendo pela Sua Palavra, que é a verdade em si.

Deus chama de "justas" as pessoas cuja fé é acompanhada por obras, que fazem de tudo para viver segundo a Sua Palavra todos os dias e manifesta Sua obra em resposta às suas orações. Como Deus responderia a oração de alguém que vai à igreja, mas construiu um muro de pecado entre ele e Deus através da desobediência a seus pais, discórdia entre irmãos e cometimento de erros?

Deus faz a oração do justo, aquele que obedece e vive pela Sua Palavra e carrega em si a prova do seu amor por Deus, ser poderosa e eficaz, dando-lhe o poder da oração.

Em Lucas 18:1-18, encontramos a Parábola da Viúva Persistente. Ela retrata uma viúva e um caso que é trazido a um juiz que não temia a Deus e não respeitava o homem. Mesmo o juiz não temendo a Deus e não se importando muito com o homem, ele eventualmente acabou ajudando a viúva. Ele próprio disse a si mesmo: *"Embora eu não tema a Deus e nem me importe com os homens, esta viúva está me aborrecendo; vou fazer-lhe justiça para que ela não venha mais me importunar"* (versículos 4-5).

No fim da parábola, Jesus disse: *"Acaso Deus não fará*

justiça aos seus escolhidos, que clamam a Ele dia e noite? Continuará fazendo-os esperar? Eu lhes digo: Ele lhes fará justiça, e depressa. Contudo, quando o Filho do homem vier, encontrará fé na terra?" (versículos 7-8)

Quando olhamos ao nosso redor, existem pessoas que professam ser filhas de Deus, orando dia e noite e jejuando com frequência e, ainda assim, não recebem Suas respostas. Tais indivíduos devem entender que eles ainda não são justos aos olhos de Deus.

Filipenses 4:6-7 nos diz: *"Não andem ansiosos por coisa alguma, mas em tudo, pela oração e súplicas, e com ação de graças, apresentem seus pedidos a Deus. E a paz de Deus, que excede todo o entendimento, guardará o coração e a mente de vocês em Cristo Jesus".* O grau das respostas de Deus a uma pessoa dependerá do tanto que ela é "justa" aos olhos Dele e se ora com fé e amor. Ao preencher os requisitos necessários de um homem justo e orar, ele pode receber as respostas de Deus rapidamente e glorificar a Ele. Portanto, é de extrema importância que as pessoas destruam o muro de pecados que fica entre elas e Deus, possuam as qualificações necessárias para serem tidas como "justas" aos olhos de Deus e orem intensamente com fé e amor.

3. Dom e Poder

"Dons" são presentes que Deus dá livremente e se referem a uma obra especial Sua em Seu amor. Quanto mais a pessoa ora, mais ela deseja o dom de Deus. Às vezes, no entanto, ele pode pedir a Deus por um dom segundo seus desejos enganosos. Isto, por sua vez, traz destruição à sua própria vida, pois, tal coisa não está certa aos olhos de Deus, e a pessoa deve se guardar para que não faça isso.

Em Atos 8 vemos um feiticeiro chamado Simão que, depois de ouvir o evangelho de Filipe, o seguiu o tempo todo e ficou maravilhado com os grandes sinais e maravilhas que viu (Versículos 9-13). Quando Simão viu que o Espírito Santo foi dado a Pedro e João com a imposição das mãos de Filipe, ele ofereceu dinheiro aos apóstolos e lhes pediu: *"Deem-me também este poder, para que a pessoa sobre quem eu puser as mãos receba o Espírito Santo"* (Versículos 17-19). Em resposta, Pedro o repreendeu: *"Pereça com você o seu dinheiro! Você pensa que pode comprar o dom de Deus com dinheiro? Você não tem parte nem direito algum neste ministério, porque o seu coração não é reto diante de Deus. Arrependa-se dessa maldade e ore ao Senhor. Talvez ele lhe perdoe tal pensamento do seu coração, pois vejo que você está cheio de amargura e preso pelo pecado"* (Versículos 20-23).

Como os dons são dados àqueles que mostram que Deus

vive e salvam a humanidade, eles devem ser manifestados sob a supervisão do Espírito Santo. Logo, antes de pedir dons a Deus, devemos primeiro batalhar para sermos justos aos Seus olhos.

Depois que a nossa alma estiver prosperando e tivermos sido moldados como instrumentos que Deus pode usar, Ele permite que peçamos por dons com a inspiração do Espírito Santo e Ele nos concede os dons que pedimos.

Sabemos que cada um dos nossos patriarcas na fé foi usado por Deus por uma série de propósitos. Alguns manifestaram grandemente o poder de Deus, outros profetizaram sem manifestar o poder de Deus, e outros ensinaram as pessoas. Quando mais fé e amor eles possuíam, mais poder Deus lhes dava, permitindo-lhes manifestar obras maiores.

Quando vivia como príncipe do Egito, Moisés tinha um temperamento colérico que ele matou em apenas um instante um egípcio que tinha maltratado um dos israelitas (Êxodo 2:12). Depois de muitas provações, entretanto, Moisés se tornou um homem muito humilde, mais humilde do que qualquer outra pessoa na face da terra e recebeu grande poder. Ele tirou os israelitas do Egito, manifestando uma variedade de sinais e maravilhas (Números 12:3).

Também conhecemos a oração do profeta Elias, como escrita em Tiago 5:17-18: *"Elias era humano como nós. Ele orou fervorosamente para que não chovesse, e não choveu sobre a terra durante três anos e meio. Orou outra vez, e os céus enviaram chuva, e a terra produziu os seus frutos".*

Como vimos e como a Bíblia nos diz, a oração do justo é poderosa e eficaz. A força e o poder de um homem justo são distintos. Enquanto há um tipo de oração com a qual as pessoas não conseguem receber as respostas de Deus, mesmo depois de orarem por horas, há também o tipo de oração de grande força, que traz as Suas respostas, bem como a manifestação do Seu poder. Deus tem prazer em aceitar a oração de fé, amor e sacrifício, e faz com que as pessoas O glorifiquem através dos diversos dons e poder que Ele lhes dá.

Entretanto, não nascemos justos; só nos tornamos justos pela fé, após aceitarmos Jesus Cristo. Quanto mais ouvimos a Palavra de Deus, mais conscientes ficamos do pecado, mais nos despojamos da inverdade e mais a nossa alma prospera. Como nos transformamos gradativamente em pessoas justas, à medida que vivemos e andamos na luz e em justiça, todos os dias das nossas vidas devem ser transformados por Deus, para que nós também venhamos a confessar o mesmo que o apóstolo Paulo: *"Morro todos os dias"* (1 Coríntios 15:31).

Incentivo a cada um de vocês a olhar a vida que tem tido até esse momento e ver se há algum muro entre você e Deus. Se houver, destrua-o agora mesmo.

Que cada um de vocês possa obedecer pela fé, sacrificar-se em amor e orar como pessoas justas, para que possa ser declarado justo, receber as bênçãos de Deus em tudo o que fizer e glorificar a Ele sem reservas. Em nome do nosso Senhor, eu oro!

Capítulo 6

O Grande Poder da Oração
em Comum Acordo

Mateus 18:19-20

*"Também lhes digo que se dois de vocês
concordarem na terra em qualquer
assunto sobre o qual pedirem,
isso lhes será feito por meu Pai
que está nos céus. Pois onde se reunirem
dois ou três em meu nome,
ali eu estou no meio deles".*

1. Deus Tem Prazer em Aceitar a Oração em Comum Acordo

Um provérbio coreano diz: "Levantar algo junto com alguém é sempre melhor; mesmo que esse algo seja uma folha de papel". Em vez de nos isolarmos e tentarmos fazer tudo sozinhos, esse velho ditado nos ensina que quando duas ou mais pessoas trabalham juntas, há mais eficiência e um melhor resultado pode ser esperado. O cristianismo, que enfatiza o amor pelo nosso próximo e a comunidade da igreja, deve ser um bom exemplo a respeito desse assunto também.

Eclesiastes 4:9-12 nos diz: *"É melhor ter companhia do que estar sozinho, porque maior é a recompensa do trabalho de duas pessoas. Se um cair, o amigo pode ajudá-lo a levantar-se. Mas pobre do homem que cai e não tem quem o ajude a levantar-se! E se dois dormirem juntos, vão manter-se aquecidos. Como, porém, manter-se aquecido sozinho? Um homem sozinho pode ser vencido, mas dois conseguem defender-se. Um cordão de três dobras não se rompe com facilidade".* Esses versículos nos ensinam que, quando as pessoas se unem e colaboram umas com as outras, grande poder e alegria podem ser produzidos.

Seguindo a mesma linha, Mateus 18:19-20 nos fala da importância de os crentes se unirem e orarem concordando uns com os outros. Existe a "oração individual", que as pessoas fazem apresentando seus próprios problemas de forma individual ou ao meditarem na Palavra, e existe a "oração em comum acordo", em que as pessoas se reúnem para clamar a Deus.

Como Jesus nos diz: "se dois concordarem na terra" e "onde se reunirem dois ou três em Meu nome", a oração em comum acordo se refere à oração de muitos em uma mente. Deus nos diz que Ele tem prazer em aceitar a oração em comum acordo e nos promete fazer tudo que Lhe pedirmos e estar presente quando dois ou três se reunirem em nome do nosso Senhor.

Como podemos glorificar a Deus com as respostas que recebemos Dele através da oração em comum acordo em casa, na igreja, ou na célula? Examinemos o significado e os métodos de oração em comum acordo fazerem uso do seu poder, para que possamos receber tudo o que pedirmos a Deus em oração pelo Seu reino, justiça, igreja, e honrá-Lo grandemente.

2. O Significado da Oração em Comum Acordo

No primeiro dos versículos nos quais esse Capítulo se baseia, Jesus nos diz: *"Também lhes digo que se dois de vocês concordarem na terra em qualquer assunto sobre o qual pedirem, isso lhes será feito por meu Pai que está nos céus"* (Mateus 18:19). Aqui, vemos algo um pouco peculiar. Ao invés de se referir à oração de "uma pessoa", "três pessoas", ou "duas ou mais pessoas", por que Jesus disse especificamente: "se dois de vocês concordarem na terra em qualquer assunto sobre o qual pedirem" e colocou a ênfase em "duas" pessoas?

"Dois de vocês" aqui significa, em termos relativos, cada um de nós, "eu", e o resto das pessoas. Em outras palavras, "dois de vocês" pode se referir a uma, dez, cem, ou mil pessoas, além de você.

Então, qual é o significado espiritual de "dois de vocês"? Temos o nosso próprio "eu" e nele habita o Espírito Santo com o Seu próprio caráter. Como Romanos 8:26 diz: *"Da mesma forma o Espírito nos ajuda em nossa fraqueza, pois não sabemos como orar, mas o próprio Espírito intercede por nós com gemidos inexprimíveis"*, o Espírito Santo, que intercede por nós, faz do nosso coração um templo onde Ele habita.

Recebemos a autoridade de sermos feitos filhos de Deus, quando acreditamos Nele e aceitamos Jesus como nosso Salvador. Então, o Espírito Santo vem e ressuscita o nosso espírito que estava morto por causa do pecado original. Portanto, em cada filho de Deus existem o coração deles próprios e o Espírito Santo com o Seu próprio caráter.

"Duas pessoas na terra" significa a oração do nosso próprio coração e a oração do nosso espírito, que é a intercessão do Espírito Santo (1 Coríntios 14:15; Romanos 8:26). Dizer "duas pessoas na terra concordarem em qualquer assunto sobre o qual pedirem" significa que essas duas orações são oferecidas a Deus em comum acordo. Quando o Espírito Santo se junta a uma pessoa em sua oração, ou a duas ou mais pessoas em sua oração, é para que "dois de vocês" concordem em qualquer assunto sobre o qual pedirem.

Ao lembrarmo-nos do significado da oração em comum acordo, devemos experimentar o cumprimento da promessa do Senhor: *"Também lhes digo que se dois de vocês concordarem na terra em qualquer assunto sobre o qual pedirem, isso lhes será feito por meu Pai que está nos céus"* (Mateus 18:19).

3. Métodos de Oração em Comum Acordo

Deus tem prazer em aceitar a oração em comum acordo, responde rapidamente a tal oração e manifesta Sua grande obra, já que as pessoas oram com um só coração.

Se o Espírito Santo e cada um de nós orarmos com um coração, isso será uma fonte de transbordante alegria, paz e infinita glória a Deus. Assim, poderemos trazer a "resposta de fogo" e testemunhar o Deus vivo sem reservas. Contudo, se tornar "um coração" não é uma tarefa fácil e fazer os nossos corações concordarem carrega uma implicação bem significante.

Suponha que um servo tivesse dois mestres. Não seriam sua lealdade e coração de serviço naturalmente divididos? E o problema ficaria ainda mais sério, se os mestres do servo tivessem diferentes gostos e personalidades.

Ou, suponha que duas pessoas se juntassem para planejar um evento. Se elas deixassem de ser uma em mente e ficassem divididas em suas próprias opiniões, o mais prudente seria concluir que as coisas não estariam indo tão bem. Ou, ainda, se as duas fizessem seu próprio trabalho com dois objetivos diferentes no coração, o seu plano pareceria estar indo bem, mas o resultado não poderia ser mais óbvio. Portanto, a habilidade de ser um coração seja orando sozinho, com outras pessoas, ou com duas ou mais pessoas, é a chave para receber a resposta de Deus.

Então, como podemos ser um coração em oração?

As pessoas orando em coletivo devem orar na inspiração do Espírito Santo, ser tomadas cativas por Ele e se tornar uma Nele, orando no Espírito Santo (Efésios 6:18). Como o Espírito Santo carrega a mente de Deus, Ele vasculha todas as coisas, até as profundezas de Deus (1 Coríntios 2:10) e intercede por nós segundo a vontade do Pai (Romanos 8:27). Quando oramos da forma que o Espírito Santo direciona a nossa mente, Deus tem prazer em aceitar a nossa oração, nos dá tudo aquilo que pedimos e até mesmo as respostas aos desejos do nosso coração.

Para orarmos na completude do Espírito Santo, devemos crer na Palavra de Deus sem duvidar, obedecer na verdade, nos regozijar sempre, orar continuamente e dar graças em todas as circunstâncias. Também devemos clamar a Deus de coração. Quando mostramos a Deus a nossa fé, que é acompanhada por obras, e batalhamos em oração, Deus se alegra e nos dá alegria através do Espírito Santo. Isso é o que é ser "cheio do Espírito Santo" e "inspirado por Ele".

Alguns recém-convertidos ou pessoas que não oram regularmente ainda não receberam o poder da oração e, logo, tendem a achar que orar em comum acordo é algo árduo e difícil. Se tais indivíduos tentarem orar por uma hora, eles trarão todo tipo de tópico para sua oração e, ainda assim, não conseguirão orar pela hora inteira. Eles se cansam e ficam exaustos, esperando ansiosamente que o tempo passe rápido, e acabam balbuciando em oração. Tal oração é "oração da alma" a qual Deus não pode responder.

Para muitas pessoas, mesmo frequentando a igreja por mais de uma década, sua oração é ainda a oração da alma. A maioria das pessoas que reclama ou desanima pela falta de respostas de Deus não pode recebê-las mesmo, pois sua oração é da alma. E ainda, sem mencionar que Deus vira as costas para a oração delas. Deus ouve sua oração, mas simplesmente não pode respondê-la.

Alguns podem perguntar: "Isso significa que não adianta nada orar sem a inspiração do Espírito Santo?" Entretanto, essa não é a questão. Ainda que as pessoas orem só com o pensamento, ao clamarem a Deus com diligência, os portões do céu se abrem e elas recebem o poder da oração, passando, assim, a orar em espírito. Sem a oração, os portões da oração não podem se abrir. Como Deus ouve até mesmo a oração da alma, uma vez que os portões da oração se abrem, você se une com o Espírito Santo, passa a orar em Sua inspiração, e recebe as respostas pelas quais buscou no passado.

Suponha que houvesse um filho que não agradava seu pai. Como o filho não podia agradar seu pai com suas atitudes, ele não conseguia receber nada que pedisse. Contudo, um dia o filho começou a agradar seu pai com atitudes e o pai começou a achar seu filho com o coração parecido com o dele próprio. Agora, como o pai começaria a tratar de seu filho? Lembre-se de que seu relacionamento agora mudou. O pai passou a querer dar ao seu filho tudo o que ele lhe pedia, e o filho recebeu até mesmo as coisas que havia pedido no passado.

Da mesma forma, ainda que a sua oração venha do seu pensamento, quando ela tiver acumulado, receberá o poder da oração e passará a orar de maneira a agradar a Deus. Os portões e a oração se abrirão para você e você também receberá até as coisas pediu a Deus no passado e perceberá que Ele não ignorou nenhum item sequer de sua oração.

Além do mais, quando oramos em espírito na completude do Espírito Santo, não nos cansamos ou sucumbimos ao sono ou pensamentos mundanos enquanto oramos, mas oramos com fé e alegria. É assim que até mesmo um grupo de pessoas consegue orar em comum acordo – elas oram em espírito e em amor, com uma mente e uma vontade.

Lemos no segundo dos versículos sobre os quais esse Capítulo se baseia: *"Pois onde se reunirem dois ou três em meu nome, ali eu estou no meio deles"* (Mateus 18:20). Quando as pessoas se reúnem para orar no nome de Jesus Cristo, os filhos de Deus, que receberam o Espírito Santo, estão essencialmente orando em comum acordo, e o nosso Senhor certamente estará onde estiverem. Em outras palavras, quando um grupo de pessoas que recebeu o Espírito Santo se reúne em comum acordo, o nosso Senhor vê a mente de cada uma, une-as pelo Espírito Santo, e as direciona a ser uma mente, para que a sua oração seja agradável ao nosso Deus.

No entanto, se um grupo de pessoas não consegue se reunir e ser um só coração, ainda que orem por um objetivo comum, ele não pode orar em comum acordo, ou orar com o coração de cada participante, pois o coração de cada um não está de acordo com o outro. Se os corações das pessoas não estiverem unidos, o líder deve levar um grupo a um momento de louvor e arrependimento, para que o coração das pessoas ali possa ser só um no Espírito Santo.

O nosso Senhor estará com as pessoas que estiverem orando, quando elas forem um no Espírito, quando Ele vier e direcionar o coração de cada indivíduo. Quando a oração das pessoas não está em comum acordo, precisamos entender que o Senhor não pode estar com elas.

Quando as pessoas se tornam uma no Espírito Santo e oram em comum acordo, todos estarão orando de coração, serão cheios do Espírito Santo, suarão, e terão certeza das respostas de Deus para aquilo que estiverem pedindo, à medida que um sopro de alegria vem sobre elas. O nosso Senhor estará com as pessoas que oram de tal maneira, e é a oração assim que agrada a Deus. Ao orar em comum acordo na completude do Espírito Santo e de coração, espero que cada um de vocês receba tudo o que pedir em oração e, portanto, glorifiquem a Deus quando se reunirem com outros de suas células ou grupo, em casa ou na igreja.

O Grande Poder da Oração em Comum Acordo

Uma das vantagens da oração em acordo é a diferença na velocidade que as pessoas são respondidas e o tipo de obra que Deus manifesta, pois, por exemplo, há uma drástica diferença entre uma oração de 30 minutos de uma pessoa com um pedido, e uma oração de 30 minutos de dez pessoas com o mesmo pedido. Quando as pessoas oram em comum acordo e Deus se agrada e aceita sua oração, elas experimentam a inegável manifestação da Sua obra e o grande poder de sua oração.

Em Atos 1:12-15, vemos que depois que o nosso Senhor ressuscitou e ascendeu ao céu, um grupo de pessoas, incluindo Seus discípulos, se juntava constantemente em oração. O número de pessoas daquele grupo era de aproximadamente cento e vinte. Em profunda esperança de receber o Espírito Santo que Jesus lhes havia prometido, aquelas pessoas se reuniram para orar em comum acordo até o Dia do Pentecostes.

> *Chegando o dia de Pentecostes, estavam todos reunidos num só lugar. De repente veio do céu um som, como de um vento muito forte, e encheu toda a casa na qual estavam assentados. E viram o que parecia línguas de fogo, que se separaram e pousaram sobre cada um deles. Todos ficaram cheios do Espírito Santo e começaram a falar noutras línguas, conforme o Espírito os capacitava* (Atos 2:1-4).

Quão maravilhosa é essa obra de Deus! Enquanto oravam em comum acordo, todas as cento e vinte pessoas ali receberam o Espírito Santo e começaram a falar noutras línguas. Os apóstolos também receberam grande poder de Deus para que o número de pessoas que aceitasse Jesus Cristo, através da mensagem de Pedro, fosse batizada e chegasse a quase três mil (Atos 2:41). Enquanto todo tipo de maravilha e sinal miraculoso era operado pelos apóstolos, o número de crentes crescia dia após dia e a vida deles também começava a ser transformada (Atos 2:43-47).

> *Vendo a coragem de Pedro e de João, e percebendo que eram homens comuns e sem instrução, ficaram admirados e reconheceram que eles haviam estado com Jesus. E como podiam ver ali com eles o homem que fora curado, nada podiam dizer contra eles* (Atos

4:13-14).

Os apóstolos realizavam muitos sinais e maravilhas entre o povo. Todos os que creram costumavam reunir-se no Pórtico de Salomão. Dos demais, ninguém ousava juntar-se a eles, embora o povo os tivesse em alto conceito. Em número cada vez maior, homens e mulheres criam no Senhor e lhes eram acrescentados, de modo que o povo também levava os doentes às ruas e os colocava em camas e macas, para que pelo menos a sombra de Pedro se projetasse sobre alguns, enquanto ele passava. Afluíam também multidões das cidades próximas a Jerusalém, trazendo seus doentes e os que eram atormentados por espíritos imundos; e todos eram curados (Atos 5:12-16).

Foi o poder da oração em comum acordo que possibilitou que os apóstolos ousadamente pregassem a Palavra, curassem os cegos, os aleijados, e os fracos, ressuscitassem os mortos, curassem todo tipo de doença, e expulsassem espíritos malignos.

Agora encontramos algo sobre Pedro, que estava preso durante o reino de Herodes (Agripa I), que foi muito conhecido pela grande perseguição ao cristianismo. Em Atos 12:5 vemos: *"Pedro, então, ficou detido na prisão, mas a igreja orava intensamente a Deus por ele".* Enquanto Pedro dormia entre dois soldados, preso com duas algemas, a igreja orava em comum acordo por ele. Ao ouvir a oração da igreja, Deus enviou um anjo para resgatar Pedro.

Na noite anterior ao dia em que Herodes iria submeter Pedro a julgamento, o apóstolo estava preso com duas algemas e dormia, enquanto sentinelas guardavam a entrada do cárcere (Atos 12:6). Contudo, Deus manifestou Seu poder soltando suas algemas e fazendo o portão de ferro abrir sozinho (Atos 12:7-10). Ao chegar à casa de Maria, mãe de João, também chamado Marcos, Pedro viu que muitas pessoas tinham se reunido e oravam por ele (Atos 12:12). O milagre que lhe acontecera era resultado do poder da oração em comum acordo da igreja.

Tudo que a igreja fez por Pedro, que estava preso, foi orar em comum acordo. Semelhantemente, quando um problema cobre uma igreja, ou quando a doença atinge crentes, ao invés de aplicarem os pensamentos e formas ou preocupações humanas e ficarem ansiosos, os filhos de Deus precisam primeiro crer que Ele vai resolver todos os problemas, e se reunir em uma mente, orando em comum acordo.

Deus se interessa muito pela oração em comum acordo da igreja. Ele tem prazer em tal oração e a responde com Suas obras de milagre. Você consegue imaginar como Deus se agrada, quando vê Seus filhos orarem em comum acordo pelo Seu reino e justiça?

Ao se encherem do Espírito Santo e, reunidas, orarem em comum acordo em espírito, as pessoas experimentam a grande obra de Deus. Elas recebem poder para viver pela Sua Palavra, dar testemunho do Deus vivo da mesma maneira que as igrejas primitivas e os apóstolos davam, expandir o reino de Deus e receber tudo o que pedirem.

Por favor, mantenha em mente que o nosso Deus nos prometeu que nos responderia, quando pedíssemos e orássemos em comum acordo. Que cada um de vocês possa, de fato, entender o significado da oração em comum acordo e, zelosamente, se encontrar com aqueles que oram em nome de Jesus Cristo, para que tenham experiências com o grande poder da oração em comum acordo, recebam o poder da oração e se tornem preciosos obreiros de Deus. que testemunham o Deus vivo. Em nome do Senhor, eu oro!

Capítulo 7

Ore Sempre, Jamais Desanime

Lucas 18:1-8

Então Jesus contou aos seus discípulos uma parábola, para mostrar-lhes que eles deviam orar sempre e nunca desanimar. Ele disse:

*"Em certa cidade havia um juiz
que não temia a Deus nem se importava com os homens.
E havia naquela cidade uma viúva que se dirigia
continuamente a ele, suplicando-lhe:
'Faze-me justiça contra o meu adversário'.
Por algum tempo ele se recusou.
Mas finalmente disse a si mesmo:
'Embora eu não tema a Deus e nem me importe com os homens,
esta viúva está me aborrecendo;
vou fazer-lhe justiça para que ela não venha mais me importunar'".*

*E o Senhor continuou: "Ouçam o que diz o juiz injusto.
Acaso Deus não fará justiça aos seus escolhidos,
que clamam a ele dia e noite? Continuará fazendo-os esperar?
Eu lhes digo: Ele lhes fará justiça, e depressa.
Contudo, quando o Filho do homem vier, encontrará fé na terra?"*

1. A Parábola da Viúva Persistente

Quando Jesus ensinava a Palavra de Deus às multidões, Ele não se dirigia a elas sem uma parábola (Marcos 4:33-34). A "Parábola da Viúva Persistente" sobre a qual esse Capítulo se baseia, nos mostra a importância da oração persistente, de como devemos orar sempre, e que não devemos desistir.

Com que persistência você ora para receber as respostas de Deus? Você tem dado pausas em suas orações ou desistido porque Deus ainda não lhe respondeu?

Na vida, deparamo-nos com problemas e questões grandes e pequenos. Quando evangelizamos as pessoas e as contamos sobre o Deus vivo, algumas, buscando a Deus, começam a frequentar a igreja para resolver seus problemas e outras vêm para simplesmente ter conforto em seus corações.

Independente das razões pelas quais as pessoas começam a ir à igreja, ao adorarem a Deus e aceitarem Jesus Cristo, elas aprendem que elas, como filhas de Deus, podem receber tudo aquilo que pedirem, e ser transformadas em homens e mulheres de oração.

Portanto, todos os filhos de Deus devem aprender, através da Sua Palavra, qual o tipo de oração que Ele agrada, orar de acordo com os pontos essenciais de uma oração, e ter fé para perseverar até receber de Deus o fruto das respostas que Ele der. É por isso que as pessoas com fé sabem da importância da oração e oram habitualmente. Elas não cometem o pecado de deixar de orar, mesmo quando não recebem a resposta imediatamente. Ao invés de desistirem, elas oram ainda mais fervorosamente. Só com uma fé assim é que as pessoas podem receber as respostas de Deus e glorificá-Lo. No entanto, embora muitas pessoas digam crer, é difícil encontrar aquelas com uma fé tão grande, como a que estamos falando aqui. É por isso que o Senhor lamenta e pergunta: *"Contudo, quando o Filho do homem vier, encontrará fé na terra?"* (Lucas 18:8)

Em uma certa cidade havia um juiz imoral a quem uma viúva não parava de vir e implorar: "Faz-me justiça contra o meu adversário". Esse juiz corrupto esperava um suborno, mas a pobre viúva não podia pagar sequer uma gratificação ao juiz. No entanto, ela continuou indo até ele e implorando que lhe fizesse o que estava pedindo, e o juiz continuava recusando seus pedidos. Então, um dia, algo mudou no coração do juiz. Você sabe por quê? Leia o que esse juiz imoral disse a si mesmo:

"Por algum tempo ele se recusou. Mas finalmente disse a si mesmo: 'Embora eu não tema a Deus e nem me importe com os homens, esta viúva está me aborrecendo; vou fazer-lhe justiça para que ela não venha mais me importunar'" (Lucas 18:4-5).

Pelo fato de a viúva jamais ter desistido e ter continuado indo até ele com o seu pedido, até mesmo esse juiz iníquo sucumbiu aos desejos da viúva que não parava de importuná-lo.

No fim da parábola, que Jesus usou para nos dar a chave para recebermos as respostas de Deus, Ele concluiu: *"Ouçam o que diz o juiz injusto. Acaso Deus não fará justiça aos seus escolhidos, que clamam a ele dia e noite? Continuará fazendo-os esperar? Eu lhes digo: Ele lhes fará justiça, e depressa"* (Versículos 6-8).

Se um juiz imoral deu ouvidos ao pleito de uma viúva, por que Deus, que é justo, não responderia Seus filhos, quando estes clamassem por Ele? Se eles fazem votos para receber a resposta a um problema rapidamente, jejuam, passam a noite acordados e batalham em oração, como pode Deus não responder-lhes depressa? Estou certo de que muitos de vocês já ouviram casos em que as pessoas receberam as respostas de Deus em períodos de votos de orações.

No Salmo 50:15 Deus nos diz: *"clame a mim no dia da angústia; eu o livrarei, e você me honrará"*. Em outras palavras, Deus quer que O honremos ao recebermos respostas às nossas orações. Jesus nos lembra em Mateus 7:11: *"Se vocês, apesar de serem maus, sabem dar boas coisas aos seus filhos, quanto mais o Pai de vocês, que está nos céus, dará coisas boas aos que lhe pedirem!"* Como poderia Deus, que nos deu o Seu único Filho, sem reservas, para morrer por nós, não responder à oração de seus filhos amados? Deus deseja dar respostas rápidas aos Seus queridos filhos.

Entretanto, por que muitas pessoas dizem não obter as respostas de Deus, embora orem? A Palavra de Deus nos diz especificamente em Mateus 7:7-8: *"Peçam, e lhes será dado; busquem, e encontrarão; batam, e a porta lhes será aberta. Pois todo o que pede, recebe; o que busca, encontra; e àquele que bate, a porta será aberta"*. É essa a razão pela qual é impossível que a nossa oração não seja respondida. Todavia, Deus não pode responder à nossa oração, quando há um muro entre nós e Ele, quando não oramos o suficiente, ou quando o tempo das respostas ainda não chegou.

Devemos sempre orar sem desanimar, pois quando perseveramos e continuamos a orar com fé, o Espírito Santo destrói o muro que fica entre nós e Deus e abre o caminho para as Suas respostas através do arrependimento. Quando a quantidade da nossa oração parecer suficiente aos olhos de Deus, Ele certamente nos responderá.

Em Lucas 11:5-8, Jesus mais uma vez nos ensina sobre a perseverança e inoportunidades:

> *Então lhes disse: Suponham que um de vocês tenha um amigo e que recorra a ele à meia-noite e diga: 'Amigo, empreste-me três pães, porque um amigo meu chegou de viagem, e não tenho nada para lhe oferecer'. E o que estiver dentro responda: 'Não me incomode. A porta já está fechada, e eu e meus*

filhos já estamos deitados'. Não posso me levantar e lhe dar o que me pede'. Eu lhes digo: Embora ele não se levante para dar-lhe o pão por ser seu amigo, por causa da importunação se levantará e lhe dará tudo o que precisar. Por isso lhes digo: Peçam, e lhes será dado; busquem, e encontrarão; batam, e a porta lhes será aberta. Pois todo o que pede, recebe; o que busca, encontra; e àquele que bate, a porta será aberta. Qual pai, entre vocês, se o filho lhe pedir um peixe, em lugar disso lhe dará uma cobra?

Jesus nos ensina que Deus não recusa, mas responde às inoportunidades de Seus filhos. Quando oramos a Deus, devemos orar ousadamente e com perseverança. Não é que você deva simplesmente exigir as coisas, mas sim, pedir com certeza pela fé. A Bíblia faz menções frequentes aos diversos patriarcas da fé recebendo respostas a orações assim.

Depois que Jacó lutou com um anjo perto do Rio Jaboque até o entardecer, ele orou intensamente e fez uma forte exigência por uma bênção, dizendo: *"Então o homem disse: 'Deixe-me ir, pois o dia já desponta'. Mas Jacó lhe respondeu: 'Não te deixarei ir, a não ser que me abençoes'"* (Gênesis 32:26), e Deus permitiu que Jacó fosse abençoado. Daquele ponto em diante, Jacó passou a ser chamado "Israel" e se tornou o pai dos israelitas.

Em Mateus 15, uma mulher Cananéia, cuja filha estava endemoniada, foi até Jesus e clamou: *"Senhor, Filho de Davi, tem misericórdia de mim! Minha filha está endemoniada e está sofrendo muito".* Contudo, Jesus não disse uma palavra (Mateus 15:22-23). Quando a mulher foi até Ele pela segunda vez, ajoelhou-se perante Ele e Lhe implorou. Jesus simplesmente disse: *"Eu fui enviado apenas às ovelhas perdidas de Israel"*, e não atendeu ao pedido da mulher (Mateus 15:25-26). Quando ela então importunou Jesus mais uma vez: *"Sim, Senhor, mas até os cachorrinhos comem das migalhas que caem da mesa dos seus donos"*, Jesus disse a ela: *"Mulher, grande é a sua fé! Seja conforme você deseja"* (Mateus 15:27-28).

Semelhantemente, temos de seguir as pegadas dos nossos patriarcas da fé, segundo a Palavra de Deus, e orar sempre. E devemos orar pela fé, com um sentimento de certeza e um coração fervoroso. Pela fé no nosso Deus, que permite que colhamos as coisas no tempo devido, devemos nos tornar verdadeiros seguidores de Cristo em nossa vida de oração, sem desistir.

2. Por que Devemos Orar Sempre

Assim como o homem não consegue viver sem respirar, os filhos de Deus que receberam o Espírito Santo não podem chegar à vida eterna sem orar. A oração é um diálogo com o

Deus vivo e é a nossa respiração espiritual. Se os filhos de Deus, que receberam o Espírito Santo, não se comunicarem com Ele, eles extinguirão o fogo do Espírito e, logo, não conseguirão mais andar no caminho de vida, desviando-se para o caminho de morte, deixando de receber a salvação no fim das contas.

Contudo, como a oração estabelece a comunicação com Deus, chegaremos à salvação quando ouvirmos a voz do Espírito Santo e aprendermos a viver pela vontade de Deus. Ainda que problemas apareçam, Deus nos dá formas de resolvê-los; e ainda fará com que todas as coisas trabalhem para o nosso bem. Com a oração nós também experimentamos o poder do Deus Todopoderoso, que nos fortalece para confrontarmos e vencermos o inimigo, glorificando, pois, a Ele, como nossa fé firme, que pode fazer o impossível tornar possível.

Logo, a Bíblia ordena que oremos sem cessar (1 Tessalonicenses 5:17), e essa é a "vontade de Deus" (1 Tessalonicenses 5:18). Jesus nos deu um exemplo de oração ao orar continuamente segundo a vontade de Deus, independente da hora ou lugar. Ele orou no deserto, na montanha e em muitos outros lugares, à noite e de madrugada.

Orando continuamente, nossos patriarcas da fé viveram pela vontade de Deus. O profeta Samuel nos diz: *"E longe de mim esteja pecar contra o SENHOR, deixando de orar por vocês. Também lhes ensinarei o caminho que é bom e direito"* (1 Samuel 12:23). Orar é da vontade de Deus e é ordenança Sua;

Samuel nos diz que deixar de orar constitui pecado. Quando não oramos ou damos uma pausa na nossa vida de oração, pensamentos mundanos infiltram nossa mente, impedindo-nos de viver segundo a vontade de Deus, e nós passamos a enfrentar problemas difíceis, por pararmos de ter a proteção Dele. Depois, quando as pessoas caem em tentação, elas murmuram contra Deus ou se afastam ainda mais dos Seus caminhos.

É por essa razão que 1 Pedro 5:8-9 nos lembra: *"Estejam em alerta e vigiem. O Diabo, o inimigo de vocês, anda ao redor como leão, rugindo e procurando a quem possa devorar. Resistam-lhe, permanecendo firmes na fé, sabendo que os irmãos que vocês têm em todo o mundo estão passando pelos mesmos sofrimentos"* e nos incentiva a orar sempre. Que oremos não apenas quando temos problemas, mas sempre, para que sejamos filhos abençoados de Deus, com todos os aspectos da nossa vida indo bem.

3. Na Hora Certa Colheremos

Gálatas 6:9 diz: *"E não nos cansemos de fazer o bem, pois no tempo próprio colheremos, se não desanimarmos"*. E é o mesmo com a oração. Quando oramos sempre de acordo com a vontade de Deus, sem desanimar, faremos a colheita no tempo certo.

Se o agricultor fica impaciente, logo depois de plantar uma semente e a tira do solo, ou se ele deixa de cuidar dela, de que adiantaria ele tentar colher? Dedicação e perseverança são necessárias até que recebamos as respostas às nossas orações. Além do mais, o tempo de espera pela colheita varia segundo o tipo de semente plantada. Algumas sementes demoram alguns meses apenas para darem frutos, enquanto outras, anos. Legumes e grãos são colhidos com mais facilidade do que maçãs ou ervas raras como o ginseng. Quanto mais tempo e dedicação uma plantação exige do agricultor, mais preciosa e cara ela é.

Você deve entender que quando os problemas pelos quais você ora são mais sérios, mais você precisa orar. Quando o profeta Daniel teve uma visão a respeito do futuro de Israel, lamentou por três semanas, e orou. Deus ouviu a sua oração no primeiro dia e mandou um anjo para assegurar de que o profeta sabia disso (Daniel 10:12). No entanto, como o príncipe dos ares resistiu ao anjo por vinte e um dias, o anjo só conseguiu chegar até Daniel no último dia, e só então Daniel veio a ter certeza das coisas (Daniel 10:13-14).

O que teria acontecido, se Daniel tivesse desistido e parado de orar? Apesar de ele ter se estressado e perdido as forças depois de ter a visão, ele orou e, em tempo, recebeu a resposta de Deus.

Quando nós perseveramos pela fé e oramos até recebermos as Suas respostas, Deus nos dá um auxiliador e nos direciona a elas. É por isso que o anjo que levou as respostas de Deus a

Daniel disse ao profeta: *"Mas o príncipe do reino da Pérsia me resistiu durante vinte e um dias. Então Miguel, um dos príncipes supremos, veio em minha ajuda, pois eu fui impedido de continuar ali com os reis da Pérsia. Agora vim explicar-lhe o que acontecerá ao seu povo no futuro, pois a visão se refere a uma época futura"* (Daniel 10:13-14).

Para que tipos de problemas você ora? A sua oração é do tipo que alcança o trono de Deus? A fim de entender a visão que Deus tinha dado a Daniel, ele decidiu se humilhar, ao não comer nada saboroso, nem carne, nem tomar vinho, e a não usar nenhuma essência aromática por até completarem três semanas (Daniel 10:3). Ao se humilhar durante aquelas três semanas em voto de oração, Deus ouviu a oração de Daniel e lhe respondeu no primeiro dia.

Aqui, preste atenção ao fato de que Deus ouviu a oração de Daniel e lhe respondeu no primeiro dia, mas levou três semanas até que Suas respostas chegassem até o profeta. Muitas pessoas, ao se depararem com um problema sério, tentam orar por um ou dois dias e desistem rapidamente. Tal atitude mostra sua pequena fé.

A coisa de que mais precisamos em nossa geração hoje é de um coração, com o qual cremos somente no nosso Deus, que, com certeza nos responde. Perseveremos e oremos, independente do tempo da chegada da resposta de Deus. Como esperar receber as respostas de Deus sem perseverança?

Deus nos dá a chuva em sua estação, tanto a chuva de outono como a de primavera, e estabelece o tempo da colheita (Jeremias 5:24). Foi por isso que Jesus nos disse: *"Portanto, eu lhes digo: Tudo o que vocês pedirem em oração, creiam que já o receberam, e assim lhes sucederá"* (Marcos 11:24). Como Daniel creu em Deus e que Ele responderia a sua oração, ele perseverou e não parou de orar, enquanto não recebesse Sua resposta.

A Bíblia nos diz: *"Ora, a fé é a certeza daquilo que esperamos e a prova das coisas que não vemos"* (Hebreus 11:1). Se a pessoa desiste de orar porque não recebeu a resposta de Deus ainda, ela não deve achar que tem fé ou que receberá as respostas Dele. Se a sua fé for verdadeira, ela não considerará as circunstâncias presentes, mas orará continuamente sem desanimar, pois crê que Deus, que permite que colhamos aquilo que plantamos e nos retribui segundo o que fazemos, certamente lhe responderá.

Como Efésios 5:7-8 diz: *"Portanto, não participem com eles dessas coisas. Porque outrora vocês eram trevas, mas agora são luz no Senhor. Vivam como filhos da luz"*, que cada um de vocês possa ter a fé verdadeira, perseverar em oração ao Deus Todo-Poderoso e receber tudo aquilo que pedir a Ele em oração, tendo vidas cheias de Suas bênçãos. E, em nome do nosso Senhor Jesus Cristo, eu oro!

O Autor:
Dr. Jaerock Lee

Dr. Jaerock Lee nasceu em Muan, Província Jeolla Sul, República da Coréia do Sul, em 1943. Aos vinte anos, Dr. Lee sofria de várias doenças incuráveis. Por sete anos seguidos esperou a morte sem esperança de recuperação. Um dia, durante a primavera de 1974, foi levado por sua irmã a uma Igreja e, quando se ajoelhou para orar, o Deus vivo imediatamente o curou de todas as enfermidades.

No momento em que Dr. Lee conheceu o Deus vivo através daquela incrível experiência, ele amou a Deus com todo o seu coração e sinceridade e, em 1978, foi chamado para ser servo de Deus. Ele orava tão fervorosamente que podia entender claramente a vontade de Deus e cumpri-la totalmente. Ele obedeceu à Palavra de Deus. Em 1982, fundou a Igreja Manmin Joong-ang, em Seul, Coréia do Sul. Inúmeras obras, incluindo curas milagrosas e maravilhas, tomaram lugar naquela Igreja.

Em 1986, Dr. Lee foi consagrado pastor na Assembléia Anual da Igreja Sungkyul e, quatro anos depois, em 1990, seus sermões foram transmitidos para Austrália, Estados Unidos, Rússia, Filipinas e muitos outros locais ao longo da Companhia de Transmissão do Extremo Oriente, a Estação de Transmissão Asiática e o Sistema de Rádio Cristão de Washington.

Três anos depois, em 1993, a Igreja Central Manmin Joong-ang foi escolhida uma das "Cinqüenta maiores Igrejas do Mundo" pela revista *Christian World* e o Dr. Lee recebeu o Doutorado Honorário em Divindade pela Escola da Fé Cristã, na Flórida, Estados Unidos. Em 1996, tornou-se P.H.D em Ministério pelo Seminário Teológico de Kingsway, em Iowa, nos Estados Unidos.

Desde 1993 Dr. Lee tem liderado a evangelização mundial através de muitas cruzadas internacionais na Tanzânia, Argentina, Los Angeles, Baltimore City, Havaí, Nova Iorque, Uganda, Japão, Paquistão, Quênia, Filipinas, Honduras, Índia, Rússia, Alemanha, Peru, República Democrática do Congo, Israel, e Estônia.

Em 2002, foi chamado de "pastor internacional" pelos maiores jornais cristãos da Coréia, por seu trabalho nessas cruzadas. Em especial, sua 'Cruzada de Nova Iorque 2006' realizada na Madison Square Garden, arena mais famosa do mundo, foi transmitida a 220 nações; e em sua 'Cruzada Unida de Israel 2009' realizada no Centro Internacional de Convenções em Jerusalém, ele proclamou corajosamente que Jesus Cristo é o Messias e o Salvador. Seu sermão é transmitido a 176 nações via satélites incluindo a GCN TV, e ele foi listado como um dos 10 Líderes Cristãos Mais Influentes de 2009 e 2010 pela popular revista russa In Victory e pelo Christian Telegraph por seu poderoso ministério de transmissão televisiva e de pastoreamento internacional.

Conforme dados de abril de 2016, a Igreja Central Manmin tem uma congregação de mais de 120.000 membros. São 10.000 congregações e 56 congregações domésticas espalhadas pelo país e pelo mundo. Até hoje, mais de 102 missionários já foram enviados a 23 países, incluindo os Estados Unidos, Rússia, Alemanha, Canadá, Japão, China, França, Índia, Quênia e muitos outros.

Até hoje, Dr. Lee já escreveu 104 livros, incluindo os Best Sellers *Experimentando a Vida Eterna antes da Morte; Minha Fé Minha Vida I & II; A Mensagem da Cruz; A Medida da Fé; Céu I & II; Inferno* e *O Poder de Deus*. Suas obras foram traduzidas para mais de 76 línguas.

Suas colunas cristãs estão nos jornais *The Hankook Ilbo, The JoongAng Sinmun, The Dong-A Ilbo, The Chosun Ilbo, The Seoul Shinmun, The Hankyoreh Shinmun, The Kyunghyang Shinmun, The Korea Economic Daily, The Korea Herald, The Shisa News,* e *The Christian Press.*

O Dr. Lee é atualmente líder de várias organizações missionárias e associações: diretor na The United Holiness Church of Jesus Christ, Presidente Vitalício da Assosição Missão Mundial de Avivamento do Cristianismo; Presidente e Fundador da Rede Global Cristã (GCN), Fundador e Membro da Diretoria da Rede Mundial de Médicos Cristãos (WCDN); e Fundador e Membro da Diretoria do Seminário Internacional de Manmin (MIS).

Outras obras poderosas do autor

Céu I & II

Um esboço detalhado dos ambientes maravilhosos que os cidadãos do céu desfrutam e a linda descrição dos diferentes níveis dos reinos dos céus.

A Mensagem da Cruz

Uma poderosa mensagem para despertar todas as pessoas que estão dormindo espiritualmente. Nesse livro podemos ver porque Jesus é o único Salvador e encontrar o verdadeiro amor de Deus.

Inferno

Uma mensagem profunda de Deus, que não deseja que nem uma alma sequer vá para as proofundezas do inferno, a toda a humanidade! Você descobrirá coisas nunca antes reveladas sobre a cruel realidade do Ades e do Inferno.

Espírito, Alma e Corpo I & II

Um manual que nos dá entendimento espiritual do espírito, alma e corpo e nos ajuda e identificar o tipo de 'eu' que criamos para que possamos obter força para derrotar as trevas e nos tornarmos pessoas espirituais.

A Medida da Fé

Que tipo de lar celestial, coroa e recompensa estão preparados para você no céu? Esse livro fornece, com sabedoria, meios para você medir sua fé e cultivá-la de modo a torná-la melhor e mais madura.

Desperta Israel

Por que Deus tem mantido Seus olhos sobre Israel desde o princípio do mundo até hoje? Que providência Sua tem sido preparada para Israel nos últimos dias, que espera pelo Messias?

Minha Fé Minha Vida I & II

A autobiografia do Dr. Jaerock Lee exala o mais fragrante aroma espiritual para seus leitores através de sua vida extraída do amor de Deus florescido em meio a ondas fortes, um jugo pesado, e profundo desespero.

Sete Igrejas

As profundas mensagens do Senhor despertando os crentes e igrejas de seu sono espiritual, enviadas às sete igrejas de Apocalipse capítulos 2 e 3, que se referem a todas as igrejas do Senhor.

www.urimbooks.com

www.ingramcontent.com/pod-product-compliance
Lightning Source LLC
LaVergne TN
LVHW041709060526
838201LV00043B/646